# 歴史の心理学

日本神話から現代まで

小田 晋
Susumu Oda

日本教文社

# まえがき

歴史の見方にもいろいろあります。遺跡の発掘のような考古学的な物証を大事にする見方、経済や制度の立場から割り切る、という考え方、文献にもとづく年代の考証を大事にする方法、といろいろあります。最近、学校、とくに中学・高校で教わる歴史の教科書はだいたい、この三つの角度から書かれているために、そこで息づいている「人間の顔」が見えない、人の匂いがしない、従ってただの暗記ものになってしまえば苦しいだけで面白くない、という苦情はどこからか出てくるし、それは当然だと思われます。

歴史は、私たち人間が過去から積み重ねてきて、現在おこなっていて、そして未来につづいていく行動と考え方の積み重なりです。つまりそれは人間の行動と考え方の鎖《くさり》です。人間は、そのおかれている状況や、物の見方によって、世界を解釈して、行動します。ですから、歴史は人間がそのなかで生きてきた時代の舞台ですし、そこで演じられるドラマでもあります。

この本は、いわば「心の眼で見た」歴史ですし、人間の心のドラマを描こうとしたものです。その場合の方法は、最近の言い方をすれば「精神歴史学」という方法です。つまり行動科学（人間の行動を客観的に考えたり、記録する方法）、精神分析学（人間の心の奥底を明るみに出そうとする方法）、精神医学（心の病気や不具合になったとき、人間の行動がどんなふうに変化するかを調べる方法）などを用います。

こう言うと、とても難しいことを言っているようですが、決してそんなことはありません。精神科医としての私が、歴史、それもさしあたって日本の歴史をたどってみて、「心の眼で見る日本史」を書いてみようと思ったのです。

歴史小説ではありませんから、「歴史のなかで何が起きていたか」という点についてはできるだけ、歴史学での常識に従っています。しかしそのときに、歴史の動きを決めたキーパーソン（鍵になる人物）の心のなかで何が起きていて、それが歴史をどう動かしたか、を描き出したつもりです。

取り上げられたのは、英雄や、権力者や、著名な人物だけに止まりません。ごくふつうの人たちの心、ふつうの人々の集団がもっていた神話、伝説、物語、さらに社会のなかでおこなわれた犯罪や食べ物のこと、演劇のこと、それを心理学の立場から光を当てることにつとめたつもりです。

ああそうか、こういう見方もできるのだな、とお考えになったら、この本で取り上げなかった事件や人物について、「心の眼で見る方法」を試してみられたらどうでしょう。それは、私たちが生きている時代や、世界や、国々や、地域、企業、家庭といった人間の集団について、ああ、こういうことをするとまずいのだな、という教訓を与えてくれるかも知れません。

歴史を心理学や精神医学の立場から、「心の眼で見ていく」のはなぜ役立つのでしょうか。政治的な事柄でも、経済的な事柄でも、それに家庭的な事柄でも、私たちは自分でおこなっていることについて、あるいは自分の属している集団がおこなおうとしていることについて、その動機を正しく認識しているとは限りません。それどころか、心の奥底にある思いこみや、先入観念のレンズを通じて歪めて見ていることだって少なくないのです。

悪意の眼で見れば、他人の行動は悪意を秘めているように見えます（この心の仕組みを投影と言います）し、それによって戦争や家族中の対立が燃えひろがってしまうこともあります。そういう心の火種は、私たちの脳の働きを決定する遺伝子の仕組みや脳自体の働き、小さいときからの育ち方、躾、読んだ本、さらに本人も気づかない心の傷（トラウマ）や無意識の心のしこり（コンプレックス）によって作られます。その仕組みは本人にも意識されていないことがあり、その結果、自分の思いこみに無意識で破滅的な決定におちこんでしまうことは少なくありません。

自分のコンプレックスに振り回されて、愚かな行動を知らず知らずおこなってしまうことを失錯行為と言います。私たちのような無力の者は、失錯してもその影響は自分や家族の範囲に止まりますが、これが「歴史上の人物」になるような権力者となるとそうはいきません。著名で、歴史的・文化的な人物の精神医学的な研究を病跡《びょうせき》学と言うのですが、歴史上の人物のなかには、織田信長のように、たしかに病的な人物でありながら、そのゆえに、ふつうの「健康な」人物にはできないような大仕事をなしとげる人もあるから厄介です。

いずれにしても、人間の心の仕組みを理解することは、これからの行動の指針を決める手がかりになります。誰でも知っている著名な人物の心の傷やしこりがその行動にどう影響したか、ということを考えることは、そういう人たちのやったこととその結果がよくわかっているので、私たちにとって共通の「生き方の教科書」にもなるはずです。

歴史を学ぶことはそのことによって、国や民族や個人を「決めつけたり、断罪したり」することが目的ではありません。このまちがいや、破滅的な行動はなぜ起きたか、どうすれば、それにおちいらずにすむのか。さらに、リーダーとなる人たちの冒しやすい誤りや、リーダーの人間像を筋道を立てて考えてみることで、どういう人物がリーダーにふさわしいか、またはふさわしくないかを考える、という知恵を与えてくれるのです。

この本は、対象を私たちの住んでいる日本の歴史にしぼりました。そして、編年的に、つまり年代を追って、「心の眼で見た日本人の歴史ドラマ」を展開したつもりです。その意味では、人間好きで、人間に興味のある人なら、「心の歴史」をたどることで「日本人の歴史」を頭に入れていただくように、ない知恵をしぼって工夫してみたつもりですが、うまくいっているでしょうか。

あくまでも「心の歴史」ですから、日本人が何を考え、何を感じて生きてきたか、を考えました。その意味で、その時代時代の人たちがどういうイメージを過去について、現在について、未来についてもっていたか、を等身大のその時代にふさわしい考え方に身をまかせて考えるために、「日本人の日本人についてのイメージと想像力」のみなもとである日本神話をも、そのなかに取り入れてあります。

もちろん、『古事記』『日本書紀』の冒頭の部分に出てくる神話は、そのまま歴史であると考えることはできません。しかし、それは私たちの祖先が自分たちのルーツ（根っ子）

についてどんなことを考えていたかを知るいい手がかりです。そして、日本人の歴史を振り返ってみると、日本人の心のなかには、神話時代からつづく、日本人の心が変わらずに流れていることがわかりますし、また古今東西を通じて変わらない人間性、心のしこり（コンプレックス）や心の傷（トラウマ）、さらに心の不具合や病気といった手がかりで、各時代社会を読みとくこともできる、今日の犯罪研究の方法が古代や中世や近世の犯罪や社会病理を分析するのに役立つこともわかるのです。

本書は、日本教文社発行の月刊誌「白鳩」に四年間にわたって連載したものをまとめたもので、連載中の四回分ほどを単行本化に当たって削りました。全期間中、筆者に協力し、激励して下さった編集部の海野眞理子さんと「白鳩」読者に深く感謝します。

二〇〇一年三月

小田　晋

# 歴史の心理学——日本神話から現代まで

目次

まえがき
〔序〕現代の「神隠し」と『遠野物語』――19

I　古代――神話と女性原理の時代

日本の神話と女性原理――27
日本神話は日本人の心のふるさと
象徴的力を発揮した天照大神

「妹の力」に守られたヤマトタケル――33
倭比売命から霊力を授けられて
男性を守る女性の愛と霊力――「妹の力」

「和の心」を尊んだ聖徳太子――39
「和」を国政の基本にした太子
日本繁栄の基となった「和」と「勤勉」の精神

『日本霊異記』にみる母親殺し――45
国際化がもたらした社会と人々の心の「軋み」
救いとなった「おふくろの心」と宗教

奈良朝の政争と御霊信仰――51
国際化に励んだ、殺伐とした時代
罪責を感じた「やわらかな心」

Ⅱ　中古――新しい仏教の誕生と女性文化の時代

空海の「求聞持法」による創造性開発――59
並はずれたイメージ能力の持ち主・空海
行者空海の神秘体験と創造性開発

『源氏物語』にみる因果応報の理――65
優雅な平安朝「恋のルール」
「因果応報の理」による悪の抑制

藤原道長と「往生」の体験――71
栄華の果てに極楽往生を願った御堂関白
道長の死にぎわ―五色の蓮糸を手に持って

Ⅲ　中世――仏教の民衆化と男性原理の時代

男性原理の体現者・北条政子――79

文民統治から武士による軍事政権へ
アニムス優位の尼将軍
鎌倉仏教と神秘家・明恵上人――85
『夢の記』を残した明恵の夢幻様人格
母なるものへの無限の思慕と無私の信仰
「建武の中興」の精神医学――91
アルコール依存症だった執権・北条高時
何かがキレた律儀な楠木正成
足利将軍家の怪物たち――97
躁鬱気味だった足利尊氏
動乱と下剋上を招いた将軍家の異常な人たち
「癒しの芸術」としての能――103
室町時代が生んだ誇るべき文化・能
現代にも通じる「癒し」の原則
下剋上の時代と「わわしい女」たち――109
「下、上に剋つ」風潮のなかで
狂言にみる女性の「元気印」と人々の優しさ

Ⅳ　中世――群雄割拠と一族相剋の時代


戦国群雄と一族相剋の心理――119
一族の最強の者がリーダーになった
照らし出された心の闇

織田信長の魅力と恐怖――125
果断さ、独創性、先見性の魅力
異様な執拗さは人格障害だった?

明智光秀と「本能寺の変」の心理ドラマ――131
独裁者失脚への道筋――「帝王の狂気」と「自己神格化」
耐え難かったインテリ光秀

豊臣家滅亡の精神医学――137
秀吉の人格変化は脳血管障害による?
大坂落城を招いた淀君、秀頼のコンプレックス

戦国武将の運命と食生活――143
指揮官の健康問題が歴史の成り行きを決めた?
家康と三河武士団の健康を支えた豆味噌

V　近世――鎖国下のパックス・トクガワーナ

徳川家康の「気配り政治」――151
世界一安全な国家を作った家康
気配りと「おそれを知る人」の英知
江戸の「犯科帳」にみる犯罪と「心の病」――157
百万都市・江戸は治安が保たれ、清潔だった
「乱心」による犯罪への幕府評定所の妥当な判決
名君と名奉行――鷹山と忠相の倫理観――163
行革で財政難を切り抜け、領民を守った上杉鷹山
正義漢・大岡忠相は庶民の味方でもあった
忠臣蔵と江戸城中の事件史――169
「愛と犠牲の物語」としての忠臣蔵
「痞え」の持病があった内匠頭刃傷の動機
『近世畸人伝』にみる江戸の女性たち――175
「畸人」と呼ばれた肯定的非順応型の人たち
「大事だと思う生き方」に殉じる
『女殺油地獄』と江戸市井の事件史――181

与兵衛にみる「甘え」の構造
古典文学は人間性のタイム・カプセル

平賀源内と江戸のルネッサンス——187
洗練されていた江戸文化
多才の人・源内を生んだ日本のルネッサンス時代

遺体が語る徳川将軍家——193
年代が下るほど繊細で公家風の体型に
家茂の胸に抱かれていた黒髪

江戸の大火と放火犯たち——199
官民一体の防火体制がとられた
「乱心」による放火犯への適切な処分

「江戸の平和」と環境問題——205
閉鎖空間で謳歌した徳川氏の平和
自然保護、ゴミ処理にも優れていた環境政策

VI　近世——開国から維新へ

列強の来航による「出産時外傷」——213

列強の脅威と幕府の権威の失墜
開国による「目ざめ」と「屈辱」の体験
幕末の男たちを支えた「妹の力」――219
「目ざめ」は志士・坂本龍馬、高杉晋作らを生み出した
女性の愛に応え、さわやかに生きた男・龍馬
「ええじゃないか」と明治維新――225
群衆が大挙してくり出した信仰の旅
「世直し」の象徴となった伊勢神宮
「安政の大獄」とテロリストの心理――232
大弾圧をおこなった井伊直弼の反動形成
テロリズムが政治的手段となったとき
大政奉還と徳川慶喜の心理――238
そのとき将軍はどう動いたか？
慶喜の「家族的無意識」が体制を崩壊に導いた
Ⅶ　近代――新しい時代の変動のなかで
戊辰戦争と会津の女性たち――247

状況認識と対応を誤った松平容保と会津藩
戦乱のなかで自立していった女性たち
精神医学からみた維新の英傑たち――253
理想の上司は「西郷どん」？
西郷隆盛、大久保利通、木戸孝允の気質とその運命
「明治一代女」と女性犯罪者たち――260
注目を集めた「二つ名」のついた女性犯罪者
厳しい環境下での歪んだ自己表現

Ⅷ　現代――日米関係　心の風景

日米関係の精神分析――269
愛と憎しみのしがらみ
日の「エディプス・コンプレックス」、米の「カイン・コンプレックス」
「玉砕」と「海行かば」―暗い想念が生んだ敗戦――276
「大義」をもち出した米国に、「大義」をもたないまま反発
日本人の心を打った「海行かば」の悲愴感

あとがき

装幀　石田洲治

# 序

## 現代の「神隠し」と『遠野物語』

新潟での九年間にも及ぶ「少女誘拐・監禁致傷事件」、京都での「校庭での小学生殺害事件」とひきつづいて、現代の「神隠《かみかく》し」や「鎌いたち（通行人を傷つける姿のない、伝説上の魔物）」とでも言ったらいいような奇怪な事件が続発しました。

こういう事件は今日の人々の心の奥底にひそむ、恐怖や幻想をよび起こすものでした。とりわけ「子どもが何物かに連れていかれていなくなる」ことはお母さんたちの恐怖の源泉でした。中世芸能の能では、我が子を人買い（人身売買業者）に連れ去られてその心の傷から発狂する母親を主人公（シテ）とする「隅田川」があり、それは母親の心のなかの「おそれ」を代表するものでした。人買いに連れ去られて離散する一家の説話は、森鷗外の名作『山椒太夫《さんしょうだゆう》』のもとになっています。

「子どもがいなくなる」という恐怖は日本人だけのものではありません。十三世紀ドイツの「ハーメルンの笛吹き男」の話もそうです。鼠の害に悩まされる町に派手な衣裳をつけた男がやってきて、鼠退治を請け負い、町角で笛を吹くと鼠たちがぞろぞろ集まって、男についていて町から出て行ってしまいます。ところが町長が男に約束した謝礼金を出し惜しんだので男はもう一度、広場に立って笛を吹く。そうすると家々から子どもたちがみんな出てきて男について城門から出て行き、一人も帰ってきませんでした。この話は、今日まで、ドイツの人々の間に語りつがれています。

つまり、日本でも、ドイツでも、人々の心の奥底にあるねがいやおそれには共通の根っ子のようなものがあるのでしょう。

それはドイツでは誰でもよく知っている「グリム童話集」になりました。日本で、明治以後の文明開化の風潮のなかで失われていく民間伝承や習俗、伝統文化を記録して、「日本人の心」を知り、それを語りつごうとしたのが、日本民俗学です。それは「ふつうの人々(日本常民)」の心の歴史を書こうとしたもので、日本の民俗学は、世界の水準を抜く、独特の発達をとげたのです。

その創始者は、柳田国男、折口信夫、渋沢敬三の三人ですが、柳田国男(一八七五―一九六二)は、そのなかでも、幼いときに自分が「神隠し」にあったふしぎな体験を述べています。彼は採集した民話、あるいは地方調査での「神隠し」の事例について、その「裏の意味」を知ろうという試みをおこなっています。

柳田国男の民俗学では、『山の人生』や『遠野《とおの》物語』にみられるように、日本のふつうの人（常民）の、なかでも平地で農耕に従事する人たちの生活の裏に、山に住む人たちの生活と文化があり、「一つ目小僧」や「ダイダラボッチ（民話上の大男）」のような妖怪は、先住民族の神がおちぶれた形であると考えられました。

柳田自身はのちにこの考えを修正しますが、それでも平地の「里」に対して、山のなかには別の人生があり、そこでは平地の村社会のなかにいることに耐えられなくなった人たちが走りこむ場所を提供したという柳田の考えは、今日からみても誤りであるとは考えられません。

『山の人生』のなかで柳田は、「それから人はなおこれという理由もなくて、フラフラと山に入っていく癖のようなものが存在した」と言い、人がなんとしても里に人とともにいられない場合、死ぬか、山に入っていくしかない、と言っています。

佐々木喜善によって集められた岩手県遠野郷の民話を柳田国男の簡潔で美しい筆に託した『遠野物語』には、そういう挿話のいくつかが語られます。なかでも、もっともよく知られているのはあの「寒戸《さむと》の婆《ばば》」の挿話でしょう。

ある烈しく風の吹く黄昏《たそがれ》に、若い娘が草履を梨の樹の下に脱ぎ捨てたまま行方知れずになった。三十年あまり経ってから、老いさらばえたその女が帰ってきた。そして、皆に逢いたいので帰ってきたが、また行こうというので姿を消した。今でも烈しく風の吹く夜には、人々は「今日は寒戸の婆がきそうな晩だ」と言うのだというのです。

『遠野物語』にはそのほかに、ある日突然行方が知れなくなった若い娘で、山男にさらわれてその女房になった者、魚に化身した者のほかに、六角牛山の主のところに嫁にいったという者などの「神隠し」の事件が挙げられています。

柳田はただふしぎな言い伝えを好奇心から書き写したわけではありません。農商務省官吏としての実務のなかから具体的な事例を報告しているのです。明治末期ごろの例でも、精神に異常をきたした結果、山に入っていき、山男や山女のような生活を送るようになった人たちの事例が記されています。

「かつて羽前（山形県）の尾花沢付近において、一人の土木の工夫が道に迷うて、山の奥に入り人の住みそうもない谷底に、はからず親子三人の一家族を見たことがある。これは粗末ながら小屋を建てて住んではいたが、三人とも丸裸であったという。女房がひどく人を懐しがって、いろいろと工夫に向かって里の話を尋ねた。なんでもその亭主という者は、世の中に対してよほどの憤懣があったらしく、再び平地へは帰らぬという決心をして、こんな山のなかに入ってきたのだと言った。工夫はいったんその処を立ち去ったのち再び引き返して、同じ小屋に行って見ると、女房が彼と話をしたのを責めるといって、縛り上げて折檻《せっかん》をしているところであったので、もう詳しい話は聞きえずに早々に帰ってきて、その後のことは一切不明になっている」(『山の人生』)

どうでしょう。この挿話はあの少女監禁事件を連想させないでしょうか。この山中に入って行った男は、おそらく精神障害のために、被害妄想から山中に入って行く事例(筆者は以前これを「寒戸の婆症候群」と名づけて報告したことがあります)で、家族はその病気に従属させられていたのです。

新潟での事件の場合、「若い女性」が精神に異常をきたしていたわけではありません。この事件でも、京都日野小学校校庭で小学二年生を殺害した事件の犯人の場合でも、東京・埼玉幼女連続殺人事件の場合でも、不登校から家庭内暴力に進行し、引きこもり生活におちいっている青少年の暴力的支配に家族、とくに母親が屈従している例は少なくありません。つまり、それは他人事ではないのです。

こういう事例では、精神分裂病か、分裂病型人格障害、境界性人格障害、または自己愛性人格障害や異常性愛といった心の病気を伴っているものが多いのですが、それを入院させようとすると、「人権派」で「子どもの立場に立つ」と称する小児精神科医、「カウンセラー」「教育評論家」、弁護士、ジャーナリストといった人たちが「子どもの自主性をふみにじる」と反対したので、警察も保健所も手が出せなくなっているのです。

新潟の事件では、加害者の母親の訴えに耳を藉《か》さないできた保健所や警察の対応が事件を長引かせた、と批判されています。それはその通りですが、そうなったについては、警察が保健所や病院に手を藉して、患者を入院させることを「患者狩り」で人権侵害だと非難した一部大新聞の攻撃が、警察や保健所を動けないように縛りつけてきたことも忘れられない事実なのです。

いずれにしても「神隠し」のおこなわれる場面は、かつての山中の他界から市井《しせい》の片隅に変わっています。今日の怪異は「口裂け女」や「トイレの花子さん」に見られるように町のなかで起きるのです。民俗学の対象も、昨年他界された宮田登・神奈川大学教授が先鞭をつけた「都市民俗学」に変ってきています。

「日本人の歴史と心の探究」である民俗学の研究は、柳田国男が期待したように、とくに家庭の主婦やふつうの市民の力によって、これからも進められていってほしいものです。

# Ⅰ　古代――神話と女性原理の時代

# 日本の神話と女性原理

## 日本神話は日本人の心のふるさと

高校・中学の歴史教科書に、第二次世界大戦中の「従軍慰安婦」の強制連行を記述するかどうかという問題は、激しい論議を呼びました。しかし歴史は、現在の視点から見て、過去に遡《さかのぼ》っていいの悪いのと言うためのものでもなければ、ただ年代を憶えさせる記憶力のテストでもないはずです。

「愚者は過去から学び、賢者は歴史から学ぶ」という言葉があります。歴史を学ぶことによって、実際の失敗が避けられる、という意味なのです。もっとも痛い目に遭《あ》っても、それから何も学べないのはいちばん困ったことで、私たち自身それにはおぼえがありそうです。

「歴史から学べない人」のひとつの形は、歴史を善玉と悪玉に分けてしまい、何がなんでも善玉にひいきして、悪玉を憎むというテレビ時代劇の定石《じょうせき》を歴史にそのまま投げかけてしまって、たとえば、日本は悪い国だと、祖国の歴史を黒一色に塗りつぶすような見方をする人たちではないでしょうか。

そういう見方をする人たちは、日本の神話を子どもたちに伝えることさえ、「天皇中心の皇国史観で対外侵略につながるもの」と、柄《え》のないところに柄をすげるような非難をするのです。しかし、どこの国の教育でも、その国の建国の事情から歴史教育をはじめます。フランスの構造人類学者、C・レビ＝ストロースによると、日本神話は日本人の心の深層をもっともよく示すものであると言います。

ヨーロッパ人で教養ある人なら、ギリシア・ローマ神話はまず知っています。米国で学校教育を受けて、ピルグリム・ファーザーズ（清教徒たち）が米国北東部に上陸して以来の建国物語を聞かされない人はありません。そしてアメリカ・インディアンにしても、その祖先の物語を誇りにしています。さらに発展途上国の人々であればこそ、それぞれの民族の神話を大事に思うというのが、むしろ最近の傾向です。人々の心の奥底にある魂の元型と切り離されるのが近代人の不安のもとであると、スイスの心理学者、C・G・ユングは言います。

日本人の心のふるさとのひとつである日本神話を、私たちは少しは知り、それを子どもたちに伝える義務があるのではないでしょうか。そして、『古事記』『日本書紀』などの日本古代史のはじめの神代記を読めば読むほど、それは、軍国主義や、おどろおどろしい男性中心主義とも関係がないことがわかります。それどころか、それは女性原理の歴史だと言っていいくらいです。

## 象徴的力を発揮した天照大神

日本神話に登場する代表的な神格は天照大神（アマテラスオオミカミ）です。天照大神は、伊邪那岐命（イザナギノミコト）、伊邪那美命（イザナミノミコト）を父母として生まれた娘で、須佐之男命（スサノオノミコト）はその弟です。天照大神は太陽神で、そして女性です。

太陽神への信仰は世界各地の民族でも広く見られます。古代エジプトのラー神も、アメリカ・インディアンやギリシアやローマ、北欧などのヨーロッパ諸国の神話を見ても、太陽神は男神として描かれています。中国でも、太陽が陽（男性）、月が陰（女性）とされています。日本の天照大神のような、女性の太陽神は稀《まれ》なのです。

伊邪那岐命は生まれた三人の子にそれぞれ領土を授けます。天照大神は高天原《たかあまはら》、月読命《つくよみのみこと》は夜食国《よるのおすくに》、そして須佐之男命は海原を、それぞれ治めることになります。しかし、須佐之男命はこれが不満で父の命に従わず、死んだ母＝伊邪那美命の住む夜の国（黄泉《よみ》の国）を恋い慕ってばかりいるので、怒った伊邪那岐命は彼を夜の国に追放しようとします。

須佐之男命は、姉の天照大神にいとまごいをすると言って高天原に上ります。ところが彼は、姉が寛容なのをいいことに、高天原で田を荒らしたり、神聖な御殿に糞尿をまきちらしたり、さんざん悪事を働きます。あげくのはてには、天照大神の織女たちが機織《はた》りをしていた機屋の屋根に穴を開けて、そこから皮を剥いだ馬を投げこんだりします。それに驚いた織女の一人が、手にもっていた梭《ひ》（機織り用の道具）を自分のホト（性器）につき立て、その傷がもとで死んでしまいます。

それでさすがの天照大神も、弟の乱暴狼藉《ろうぜき》に腹を立てて、天の岩屋に姿をかくしてしまいます。太陽神である天照大神が姿をかくしてしまったので、世界は真暗闇の無秩序状態になってしまい、人々は天照大神に岩屋から出てくるように、さまざまな手だてで懇願します。

結局、岩屋の前で大宴会を開き、天鈿女命（アメノウズメノミコト）が半裸になって踊ります。その騒ぎに、「何ごとか」と思った天照大神が岩屋のすき間からそっとのぞき、手力男命（タジカラオノミコト）という力の強い男が岩屋の扉を引き開けることで、やっと人々の前に姿を現して、人々は暗闇から解放されます。

須佐之男命はこれで高天原を追放されるのですが、その後、人身御供《ひとみごくう》になっていた櫛名田比売（クシナダヒメ）を救うために、頭が八つ尾が八つある八岐大蛇（ヤマタノオロチ）を退治したりしています。

結局、この天照大神と須佐之男命の対決は、姉の方が勝つわけですが、これは女性原理と男性原理の戦いを象徴するものでもあります。そして女性原理が男性原理に勝つわけです。

日本がその昔から「女なしでは夜の明けぬ国」と言われるのはこのためで、言いかえれば、日本はもともと女性原理が優位の社会だったのです。つまり、乱暴で反抗的な弟を、柔しくて、寛容で、芯《しん》の強い姉が優しく包むのですが、しかし結局は、彼女が勝つのです。そしてその後永い間、この女性原理は日本の社会の基本的な原理になっていきます。

平安時代の文化史には、その特徴がもっともはっきり現われています。少なくともその当時の文化を作り出したのは女性でした。それは、『源氏物語』や『枕草子』などの世界的にみても最高水準の作品が次々に書かれたことにも示されています。

もちろん時代によっては、そうした原理が陰にかくれてしまい、男尊女卑、男性優位の社会であるように思われたこともありました。これは鎌倉幕府の登場以来、昭和二十年までの日本の政権は基本的に軍事政権であったことも関係しているでしょう。

しかし、日本の社会の本質的な部分は、女性原理が支配しているようです。現に昨今では、再び社会のさまざまの面で女性の力が強さを増しています。

そして日本の場合、その女性の力は、自分も男のようになって男性原理にもとづいて力を競う、というのではなかったのです。天照大神の場合だって、直接に弟を処罰しようとはしていません。むしろ姿をかくすことで象徴的な力を発揮しようとするのです。

神話は、もちろんそのままでは歴史ではありません。しかし、それは私たちの先祖が何を考えていたかということを知るためのいちばんいい教科書です。それを人々の心から忘れさせせようという教育が、はたして本当の教育と言えるでしょうか。

## 「妹の力」に守られたヤマトタケル

### 倭比売命から霊力を授けられて

筑波山は、関東平野の東北に聳《そび》える名山です。筆者自身はこの山麓の大学に赴任して二〇年の間、毎日、この山の姿を見て過ごしたものです。

日本文学の歴史から見れば、「筑波の道」というのは連歌のことで、宗祇、宗因の二人によって切りひらかれた俳諧連歌の道は、その後、松尾芭蕉の手によって俳句として芸術的に完成します。

日本文学の源流のひとつが、「筑波の道」と名づけられているのはなぜでしょう。それは、『古事記』『日本書紀』などに記された古代史に登場する英雄、倭建命（日本武尊＝ヤマトタケルノミコト）についての説話からきているのです。

記紀、つまり『古事記』『日本書紀』の両書は、神武天皇から十二代目の天皇であった景行天皇に、大碓命（オオウスノミコト）と小碓命（オウスノミコト）の二人の皇子がいた、と伝えています。この小碓命がヤマトタケルなのです。

あるとき天皇は、兄比売（エヒメ）、弟比売（オトヒメ）という名の二人の美女を召そうとし、大碓命に仲立ちを頼んだのですが、大碓命は二人を自分のものにしてしまい、天皇には別の女性をあてがって、これをエヒメ、オトヒメであると偽っていたのです。それで気が咎《とが》めたのか、大碓命は天皇家一家の朝夕の食事に出てこなくなったのです。天皇は弟の小碓命に「兄は最近食事に出てこないが、どうしたのか、呼んできなさい」と命じ、そこで小碓命は兄のところに出向き、兄が父である天皇を欺《だま》していたことを知って兄を殺し、手足を引きちぎって天皇に報告します。

父（またはその代理）と息子たちが女性（母親またはその代理）を争奪して憎み合う心理の底にある心の仕組みを、精神分析では、古代ギリシア悲劇から名をとって、エディプス・コンプレックスと呼んでいます。同胞の間の競争が殺し合いに発展するのは、旧約聖書の「創世記」のアベルとカインの話にも共通しています。神話は、いかにおぞましい話であっても、東西を問わず、人間の心の底にある真実の一面を表現しているのです。

ところが天皇は、小碓命の乱暴な性格とあまりの強さに怖《おそ》れをなしたのか、小碓命に、九州にいる熊襲建（クマソタケル）という乱暴な土豪の征伐を命じます。

フロイトが記したように、古代氏族の間には、父親と息子たちの間に、母親や姉妹たちをめぐる競争関係があり、それをお互いに感じ取りながら、表面には出さないという関係があったのかも知れません。

しかし小碓命は、一計を案じて叔母にあたる倭比売命（ヤマトヒメノミコト）の衣裳をもらって熊襲建の邸に入りこみます。ちょうど新築の祝の最中で、熊襲建たちは、女装した小碓命を美女だと思って宴席に侍らせます。小碓命は相手の油断を見すまして、熊襲建兄弟を刺し殺します。このとき、弟の方が死に臨《のぞ》んで、「あなたほど強い方は知りません。御名を献上しますから、これからはヤマトタケルの御子と名乗って下さい」と言ったので、ヤマトタケルノミコトと名乗ることになったといいます。

倭建命になった小碓命は、天皇のいる大和（奈良県）に戻ったところ、天皇はさらに東国の平定を命じます。倭建命は、伊勢神宮の斎宮《さいぐう》として奉仕していた叔母、倭比売命を訪ね、「軍兵もつけてくれないで、戦場に行けとはまた、天皇は私に死ねとおっしゃっているのか」と愚痴をこぼします。倭比売命は倭建命を慰め、草薙剣《くさなぎのつるぎ》と火打袋を授けます。それで倭建命はようやく心を決し、東国へと旅立ちます。

ここで気がつくのは、男性が女性から霊力を授かっているということです。しかし、倭建命の東国平定の旅は、決して安閑《あんかん》としたものではありませんでした。

相模国造《さがみのくにのみやつこ》に欺されて野火の難に遭い、そのときには、倭比売命から授かった剣で草をなぎ、袋のなかに入っていた火打石でそれに火をつけ、その難を逃れることができました。浦賀水道を渡るときには、海神に航海を妨害され、妻の弟橘媛（オトタチバナノヒメ）が、倭建命の身がわりになって入水したところ波がやみ、死をまぬがれることができました。女性が犠牲になり、その呪力が男を守ったのです。

## 男性を守る女性の愛と霊力――「妹の力」

その後、東国に赴いて大和朝廷のために、土着の人たちと戦った倭建命は、常陸国《ひたちのくに》（茨城県）から筑波山麓を通り、碓氷《うすい》峠を越えて甲斐国（山梨県）に入り、酒折宮《さかおり》というところで夜営したとき、

新治《にいばり》筑波を過ぎて幾夜か寝つる

（筑波山麓を通りすぎて山道を越え、今日で何夜目になるだろう）と歌で問いかけます。

すると側に侍していた火焼翁（ヒタキノオキナ）、つまり夜の灯火と焚火係りの老人が、

日日並《かがな》べて夜には九夜《ここのよ》日には十日を

(指折り数えて九泊十日になります)と答えます。

この問答体の歌が、わが国での最初の連歌であるというところから、はじめに述べた「筑波の道」という言葉ができたのです。

その後、熱田(名古屋市)、伊吹山(三重県)を経て大和に戻ろうとした倭建命は、伊吹山の神と戦ったとき、草薙剣を携えて行かなかったので、負傷してしまいます。そして、伊勢まで行ったとき、それがもとで病が重くなり、「もう自分の脚は三重に曲って歩けない」と嘆いて、大和に帰りつけずに死んでしまいます。そのとき、命を葬った墓から白鳥が飛び立ち、妃たちや従者たちはその後を追って走ります。

はじめは、古代の、殺伐《さつばつ》で辛辣《しんらつ》な謀計をもめぐらす英雄のように見えた倭建命は、しかし古代ゲルマンの英雄たちとは一味違った、繊細で女性的な側面をもっていることを示します。女装してもおかしくないくらいの美貌であるうえに、父である帝王の景行天皇からずいぶん酷《ひど》い扱いをされても、表立った反抗はしないで、せいぜい叔母の倭比売命に愚痴をこぼすだけで、倭比売命の呪力や弟橘媛の犠牲に守られて危険をまぬがれ、女性の呪力を失うことによって死んでしまうのです。

このように、女性のもつ霊的な力が男性を守るという考えは、日本には昔からあるのです。日本民俗学の創始者である柳田国男氏は、これを「妹《いも》の力」と呼んでいます。

近年まで沖縄では、本土に仕事や留学で出かける兄に、妹がハンカチのような自分の身につけていたものを贈る、という習俗がありました。このとき、姉妹は兄弟に対してオナリ（またはウナリ）の関係にあるということになります。

本土でも、たとえば中世の説話「さんせう太夫」を小説にした森鷗外の『山椒太夫』の安寿《あんじゅ》は、弟の厨子王《ずしおう》に対して同じ関係になるわけです。つまり、安寿と弟の厨子王は、人買にかどわかされて土豪の山椒太夫の奴婢《ぬひ》として虐待されるのですが、安寿は弟を逃がすために身がわりになって死にます。厨子王は安寿から渡された観音像によって救われます。

日本の社会と文化の底に流れる原理は、古代から男性的というより女性的であり、もっとも男性的と考えられる英雄でも、優しく繊細な側面をもち、女性の呪力と愛に守られて生きたのです。両性関係の著しい変化の中で、日本人の「妹の力」はどうなっていくのでしょうか。

# 「和の心」を尊んだ聖徳太子

## 「和」を国政の基本にした太子

リマの日本大使公邸人質事件で、ペルー政府は一九九七年四月二十二日、公邸に特殊部隊を突入させ、トゥパク・アマル革命運動（ＭＲＴＡ）のメンバー十四人全員を射殺し、人質を解放しました。前年の十二月十七日の事件発生以来、百二十七日目の解決でした。

ストレスの多い長期間の拘束の状況から解放された人質の皆さんの心身の健康を心配して、政府から派遣された日本の精神保健と被害者カウンセリングの専門家チームは、被害者とできるだけ面接し、大半の方々とご一緒に帰国しました。

この事件では、最後まで平和的解決を唱えつづけた橋本総理（当時）ら日本政府の態度と、在監中のテロリストの釈放を拒否して特殊部隊の突入によって問題を武力的に解決したフジモリ大統領（当時）らペルー政府の強硬態度とが比較され、日本政府の立場は、犯人グループに「武力突入はない」という安心感を与え、フジモリ氏の手を縛るものだったという意見も一方では出ていました。

しかし、考えてみれば、犯人グループが緊張し、警戒し、死を決している時期に突入をおこなえば、人質にも多くの死傷者が出ることは避けられなかったでしょう。平和解決を主張しつづけたわが国の態度は、結果としては悪くなかったのです。いずれにしてもこういうとき、最後まで「平和解決」を唱えつづけるわが国の態度は、わが国の文化に深く根ざしてもいるのです。わが国が対外的に戦闘的であり、武力解決を好んで選択したのは、明治のわずかの期間にすぎないのです。

わが国が、強大で文化も高い外国の存在を意識し、「日本国」という意識をもったのは六世紀、聖徳太子（五七四―六二二年）の時代だったでしょう。

聖徳太子は、女帝である推古天皇の摂政としてこの国を治められたのですが、一方では、その頃アジア最大の帝国であった隋王朝との交渉でも、卑屈な態度をとらず、対等の立場を示して一歩も退《しりぞ》かなかったのです。他方、国内的には「十七条憲法」を定めたことで知られています。

この「十七条憲法」は、今日で言う憲法とはすっかり違います。天皇の立場から群臣、つまり官僚や国民に、国のあり方や人々のあり方を教えさとし、服務の心得を言って聞かせるというものなので、憲法と行政法の、前文とでも言ったらいいものです。

しかし、この十七条憲法からは、よく読んでみると、その後の日本人のものの考え方に影響を与える、あるいは、日本人の民族性と心の奥底をすくいとったとでも言えるような重大な事柄が読みとれるのです。

よく知られていることですが、この憲法はその第一条に、「以和為貴（和をもって貴しとなす）」と書かれているのです。人々の間に対立があっても、一方だけが正しいのではない。自分だけ立場を一方的に主張するのではなく、相手の立場にも立って考えてみるようにと、噛んで含めるように教えているのです。

つまり、和をもって貴しとするといっても、それは「長いものには巻かれろ」と言っているわけでは決してなくて、むしろ、強者の立場に立っている者に、相手の立場にもなってみろと言っているように聞こえます。

こういうことをまず言わなければならなかったのは、当時の宮廷で、もろもろの有力な氏族の代表者たちが、どのくらい激しく争っていたかを示すものです。現に聖徳太子自身、仏教を受け入れるか入れないかをめぐる争いでは、少年の身で、「仏教派」の蘇我《そが》氏側に従軍して、「反仏教派」の物部《もののべ》・大伴《おおとも》両氏の軍隊と戦い、これを攻め滅ぼすのに一役買っています。

しかし摂政になり、仏教の精神に従って国を治めようとした太子は、人々のきりもない争いに嘆息し、平和に、折り合って生きるようにとさとすのです。

聖徳太子は、当時のアジアの新しい思想である仏教と儒教を深く理解し、自筆（と伝えられる）の仏教経典の注釈書である『三経義疏《さんぎようぎしよ》』が今日まで伝えられているくらいなのですが、しかし、国政の方針の第一条に「和」をもってくるというのは、中国の支配者にも、インドの帝王たちにも見られない日本独自の考え方なのです。

## 日本繁栄の基となった「和」と「勤勉」の精神

「十七条憲法」にはこのほか、朝臣たちに「朝は早く出勤し、夕方は遅く退庁するように」という、公務員に勤勉であることをすすめる一条が入っています。これも珍しいことで、「働き中毒」と言われたり、「几帳面で律儀で仕事熱心で、何事もキチンとしなければ気がすまない気配り人間」である「メランコリー親和型」、または「前鬱性格」と呼ばれたりする今日の日本人勤労者のもとの形を作ったのではないかと思われるくらいです。

こういうタイプの人は、とくに中高年になって、「燃えつき症候群」や鬱病におちいりやすいとされています。太子ご自身、そういう性格であられたかも知れません。

晩年の太子は、一方では困難な国政をさばき、多くの人々の訴えを聞きながら、一方では「夢殿《ゆめどの》」にこもって、次第に思索と瞑想に沈潜するようになっているように見えます。そして、生前に自分の墓を作らせたのですが、そのとき、「ここを切れ、かしこを掘れ、子孫あらせじと思ふなり」、つまり、自分の子孫が絶えてしまうような墓相の悪い墓をわざとお造らせになったという、謎のような話さえ伝わっているのです。

太子夫妻があいついで亡くなると、当時専横をきわめていた蘇我入鹿《いるか》が、自分の傀儡《かいらい》としていた古人大兄皇子《ふるひとのおおえのおうじ》の即位の邪魔になるというので、聖徳太子の遺児、山背大兄王《やましろのおおえのおう》の一族を攻め滅ぼしてしまうのです。

このとき山背大兄王は、「兵を集めて戦えば人々を死傷させることになるから」と、一族で集団自殺をとげて、無抵抗主義を貫いています。

世の中は皮肉です。こうして「和」を原則とした聖徳太子一族は、自分たち一族のエゴイズムを極度にまで主張した蘇我一族に滅ぼされてしまいますが、その蘇我氏一族もまもなく滅びてしまいます。そして聖徳太子が十七条憲法で説いた「和」の精神と「勤勉」の精神は、その後も日本人の心のなかに残ります。

加藤栄一・常磐大学教授は、これを「ワ（和）イズム」と名づけて、日本繁栄の秘密だとするのです。

一時的には、自分の「我」ばかりを極端に主張するやり方は、とくに「人権」の主張と結びついてもてはやされることもあるのですが、それで一時相手をへこませることができても、それは「日本人の心」にはそぐわないことを、聖徳太子をめぐる古代史は、私たちに教えてくれるのです。

## 『日本霊異記』にみる母親殺し

### 国際化がもたらした社会と人々の心の「軋み」

クーデターで、中大兄皇子《なかのおおえ》（天智天皇《てんじ》）と中臣《なかとみ》（藤原）鎌足の手によって蘇我氏が滅ぼされ、大化改新（六四五年）の時代になります。それ以後、奈良時代（七一〇―七八四年）にかけての日本は、まるで現代の日本のような国際化の波に洗われます。

宗教の面では仏教、思想の面では儒教が、奔流のように流れこみます。法律の面では唐の法律を模倣した大宝律令と養老律令が施行されることになります。

これらは、日本が唐（中国）や新羅《しらぎ》（韓国）のような強大な古代国家と張り合ってプライドをもって生きのびるための、どうしても避けて通ることのできない筋道でした。

日本はその後、十五―十六世紀、いわゆる大航海時代に、スペイン・ポルトガル・オランダ人が鉄砲とキリスト教とともに渡来した時代、さらに一八五三年、アメリカの海軍が外圧によって開国を迫った時代、と三回にわたる「大国際化」の波に洗われることになります。

今日の日本は、一九四五年のアメリカ軍による占領につづいて、第二回目の「小国際化」の嵐に見舞われているというところかも知れません。

そして、大化から天平（奈良時代）にいたる古代の国際化も、現代のそれと同じように、政治・経済・文化の著しい変化をひき起こしました。それだけではありません。それは人々の「心の世界」に大きな変動をもたらし、犯罪や疫病（伝染性疾患）、さらには心の病気、家族の崩壊や争いなどのさまざまの軋《きし》み（社会病理）をもたらしていることも、奈良時代と今日とは共通しているのです。

当時は多くの渡来人が、中国や朝鮮半島、ときには天竺《てんじく》（インド）や波斯国《はしこく》（イラン）からまで来日し、ちょうど今日の合法、不法あわせての在日外国人の洪水のような状況をもたらしていたにちがいありません。

そういった「国際化がもたらした社会と人々の心の軋み」がどういうものであり、それを日本の社会がどう受けとめ、どう吸収していったか？　という問題は、今日まで歴史家によってあまり省みられないか、または単に支配階級である貴族が農民を搾取していた、という紋切型でしかとらえられていなかったのはどういうわけでしょう。

それでも幸い、そういうことを示す記録は、仏教説話集である『日本霊異記《にほんりょういき》』（日本国現報善悪霊異記）によって、今日まで伝えられています。

日本霊異記は九世紀になってから、大和国（奈良県）大安寺の景戒《けいかい》というお坊さんが書いたもので、仏教の立場から、現世の人々が犯すもろもろの罪と、それが信仰によって救われるという事例をあげています。

これは説話ではありますが、罪のなかには、仏教を侮辱したり、僧侶を迫害したりという宗教上の罪のほかに、今日の刑法から見ても明らかに犯罪であるような事例が、たいていは奈良時代の具体的な時と場所を明記してあげられていて、言ってみれば、奈良時代の犯罪ケースブックとでも言えるものになっています。そのなかには、こんな怖ろしい事例まであります。

## 救いとなった「おふくろの心」と宗教

武蔵国（多摩郡鴨の里）に吉志火麻呂《きしのほまろ》という人がいた。聖武天皇の時代に防人《さきもり》に徴兵されて筑紫（福岡県）に行くことになった。当時、防人は家族一人を伴って行けることになっていたらしく、彼は老母を伴って行った。

ところが途中で妻に逢いたくて我慢できなくなり、老母を殺して服喪のためと称して帰郷し、妻と暮らそうと計画した。そして、「東の方の山の中で法華経の法会があるから聴きに行こう」と言って母親を連れ出し、山中で母親を殺そうとした。

母親は驚いて、「おまえは悪鬼にでも取り憑《つ》かれて気でも狂ったのか。何ということをする」ととめようとしたが、子どもは聞かない。母親は着物を脱いで、三ヵ所に置き、お前と、郷里の弟と、甥に形見だとまで言うのに、息子は刀を抜いて母親を斬ろうとする。その瞬間に地面が裂けて、息子はそのなかに落ちこんでしまった。

母親はそれでも、天にむかって、「息子は物に狂って（悪霊に取り憑かれて）こんなことをするのです。正気でするのではありません」と泣いて許しを求め、息子の髪をつかんで引きとめようとしたが、もう間に合わなかった。

この吉志火麻呂の、徴兵忌避のための尊属殺しというすさまじい「反体制」ぶりは、今日かえって、全共闘出身の「人権派」の人たちには共感を起こさせるかも知れません。多分、モデルになった事例では、老母は本当は惨殺され、加害者は生き埋めの刑にでもなったのでしょう。

外国の圧力に直面して生じた、防人制度の矛盾をはらんだ律令制（中国風制度による古代国家のシステムのこと）末期の社会の怖ろしい断面がそこにはのぞいています。「国際化」とそれに伴う社会の変動のなかで、家族が解体していくという社会病理も、こんなに古く天平時代にも見られているのです。

しかし、この話で救いがあるのは、母親が、「うちの子は悪霊が憑いてこんなことをするのです。正気でするのではありません」と、息子の免責を天に祈っていることです。これはもちろん、ひとつには、昔から日本の母親がもっている、どんな子どもでも、なんとか助けたい、とすべてを包みこむ「日本のおふくろの心」の元型が、そこに見られるからでもあります。

これは、高天原で無茶苦茶に暴れまわる弟の須佐之男命に対しても、はじめは「あの子は酔っているのだから」と許そうとした天照大神の「姉の心」にも通じます。ギリシア神話の復讐の女神ヘラのような女神たちでも、古代ゲルマンの説話やワーグナーの歌劇に出てくるブリュンヒルデのような王妃でも、欧州の女たちは、もっとすさまじい心をもった、決して許さない女たちなのです。

さらにもうひとつ、この話は、天照大神の場合とも共通して、悪鬼に憑かれたり、酩酊したりして本心を失ったものの犯罪は、これを通常の人とは同じように罰しないという考えがあり、しかしそれにもかかわらず、そういう人たちを放ってもおけないという認識があることです。それは今日の犯罪精神医学にも通じる考え方なのです。

第三に、そういう社会変動のなかで、噴出する人々の心の問題や社会の病理に対する処方として、奈良時代にはなにより宗教（当時は仏教）があったことです。行基《ぎょうき》や、伝教大師最澄《でんぎょうだいしさいちょう》や弘法大師空海《こうぼうだいしくうかい》などの努力は、信仰を、単なる理論のものから、人々の現実の生活に関係するものにすることに注がれました。今日の社会でも、そのことはやはり大事なことのように思われるのですが。

# 奈良朝の政争と御霊信仰

## 国際化に励んだ、殺伐とした時代

日本の国はふしぎです。異国から奔流のように流れこんでくる文化を積極的に取り入れようと「国際化」にはげみ、固有の文化を捨て去ろうとしているように見える外向的な時期と、内向的になって、異国から入ってくる文化を遮断して、自国の伝統に回帰する時期が、歴史的に見ても交互にやってきます。そして結局は、そのたびに固有の文化も外国の影響を受けて少しずつ変化し、「和風」のスタイルが作り上げられてきたのです。

特徴的なことは、「国際化」の時代は動きが激しく、物事の輪郭も、人々の間の対立もはっきりしていて、殺伐だという印象を与えることです。つまり「男性原理」が優越しています。これが「内向化」の時代になると、物事の輪郭ははっきりしなくなり、対立は目立たなくなります。つまり、なんとなく「女性的」です。

こういう日本的特徴を、ノーベル賞作家・大江健三郎さんのように、「あいまいな日本の私」と言って（自分はフランス文学者ですから、実はあいまいではないと思っているはずですが）歯がゆがる人もいますが、そのかわり穏やかな社会になります。

西暦五三八年の仏教の伝来以来、七九四年に都が京都に遷《うつ》され、八九四年、菅原道真《すがわらのみちざね》の提案によって遣唐使が廃止されるまでの三五〇年間は、「国際化」の世紀でした。そして、この時代のわが国の歴史は、その前後にも例を見ないくらいの、とりわけ皇族や貴族の間の、殺伐で鮮明な対立と、おたがいの殺し合いが見られた期間なのです。

発端は、蘇我氏が聖徳太子の子孫を集団自殺に追いこんだ事件にはじまるでしょう。ついで大化の改新による蘇我入鹿・蝦夷《えみし》一家の誅殺《ちゅうさつ》（六四五年）がありました。

大化の改新の推進者だった中大兄皇子（のちの天智天皇）と、協力者だった大海人《おおあま》皇子（のちの天武《てんむ》天皇）の対立は、結局、壬申《じんしん》の乱（六七二年）として爆発し、敗北した天智天皇の子大友皇子（弘文天皇）は自殺に追いこまれます。勝利者の大海人皇子の子で、人望があり、すぐれた詩人でもあった大津皇子は、実子の草壁皇子の将来を心配した持統天皇によって、反乱の疑いをかけられて処刑されます。

奈良時代に入ってからも、天武天皇の孫、長屋王《ながやおう》は、聖武《しょうむ》天皇のもとで左大臣となって政界をリードしたのですが、藤原不比等《ふひと》の娘、光明子《こうみょうし》が聖武天皇の皇后になることに反対したので、もめごとが起こり、藤原氏は長屋王が皇太子の病死を呪ったとして自殺させます。天平の頃には、藤原氏の内部からも、藤原広嗣《ひろつぐ》、藤原仲麻呂のように反乱を起こして処刑される者が出ます。

そして、その仲麻呂が政権にあったとき、藤原氏と対立していた橘奈良麻呂が反乱を起こしますが、このとき彼に連座してとらえられた容疑者たちは、皇族の道祖王《ふなど》、貴族で元遣唐副使であった大伴古麻呂のように、尋問中、杖で撲《なぐ》り殺されています。これは中国ではおなじみの方法で、唐代には法制化されていて、「庭杖《ていじよう》の下に死す」という慣用語があるくらいです。

天武天皇時代から、白鳳・天平の頃までは、人々は唐の服装をし、法律も制度も万事唐風をそのまま輸入しようとしていたようです。食事でも長屋王邸から発見された木簡《もつかん》（木を削って、ノートがわりにした）の記録を見ると、長屋王は牛乳を飲んでいたようです。

天武天皇時代から奈良時代を通じて、肉食の禁止令がたびたび出ています。大陸からの渡来人や帰化人も多かったし、遣唐使がエリートであった当時、中国式の肉食をしてみようという者が多かったからこそ、そんな仏教の殺生戒の立場からの禁令が出たのでしょう。

とにかく、中国や朝鮮半島の宮廷政治は、古代から現代まで、常に血なまぐさくて、政争に敗れた権力者が一身上の安全を保障された事例は、むしろ稀なくらいです。

それが、さま変りということになった最大の契機は、奈良から京都への遷都の前後の一連の宮廷内の騒動でしょう。

## 罪責を感じた「やわらかな心」

光仁《こうにん》天皇（七〇九―七八一年）のあと桓武《かんむ》天皇（七三七―八〇六年）が即位されたのについては、藤原氏の勢力増大をめざす陰謀が背景にありました。まず光仁天皇の皇后が聖武天皇の皇女、井上内親王で、その子、他戸《おさべ》王が皇太子で、天武系と天智系の合体であったのが藤原百川《ももかわ》（当時の藤原本家の首領）には気に入らなかったようで、皇后・皇太子が謀反をはかったとして追放し、井上内親王は毒殺されたようです。

その後、皇太子に据えられたのが、母方が渡来人系統の山部《やまべ》王（桓武天皇）でした。百川は姪の乙牟漏《おとむろ》をその妃にし、山部王が即位して桓武天皇になると、乙牟漏は皇后に冊立《さくりつ》され、天皇の側近の女性たちも藤原氏で固められます。

奈良から長岡に遷都しようとしたのも、藤原氏の計画だったのでしょうが、遷都の指揮をとっていた百川の甥の藤原種継《たねつぐ》が暗殺されると、藤原氏は皇太弟の早良親王《さわらしんのう》がその黒幕にいるとして追放、皇子の安殿《あて》親王（平城天皇）を皇太子にします。早良親王は淡路に配流の途中、拒食して憤死します。

その後、桓武天皇の周囲で怪異が相ついだので、七九四年、和気清麻呂《わけのきよまろ》の建議で、今の京都に平安京が造営されるのです。

この怪異というのは、他戸王、井上内親王、淡路廃帝と呼ばれた早良親王などの怨霊の出現にほかなりません。それは残酷なことをしたという自責の念をもった人たちの不安が、自然現象にさまざまの意味づけをしたり、錯覚や幻覚を見させたりもしたのであろうと思われます。

とりわけ精神的に不安定であった平城天皇は「物の怪《け》に取り憑かれ」、つまり幻覚や妄想を呈する精神病のような状態になって、一時位を退かれます。しかし病状がよくなってから、後継者の嵯峨天皇から政権を奪回しようという気が起きたらしく、それを煽動した藤原仲成・薬子《くすこ》の乱というクーデター計画が発覚して、八一〇年、仲成は誅殺され薬子は自殺します。

こういう血なまぐさい政争のなかで、京都は怨霊が徘徊《はいかい》する街になってしまいます。怨みをのんで死んだ霊を慰めるために、八六三年、平安京の神泉苑《しんせんえん》でおこなわれた御霊会《ごりょうえ》が、のちの祇園御霊会となります。

このような死者の祟《たた》りを恐れる心は、いかにも迷信深く、柔弱にも思われるかも知れません。しかし、政治上やむをえないとはいえ、ライバルを死に追いやったことに罪責感を感じる「やわらかな心」は日本の支配者の特徴で、アジアでも欧州でも滅多に見られないことです。その後、平安時代の歴史では、政争に敗れた者が処刑される例は見られません。

その後も、宋との交流が多くなった源平時代、キリスト教の渡来した戦国時代、欧米の外圧によって文明開化となった明治時代は、たしかに「男性的」で華やかな事件が多く、殺伐で、「政争の敗者」が生き残れない時代でした。

しかし、その間の、より「内向き」の「女性原理」が支配していた時代の日本は、「政争に敗けても殺されない」という原則が、近代民主制の導入以前から支配していた、世界にも稀な「文明国」だったのです。

# Ⅱ　中古――新しい仏教の誕生と女性文化の時代

## 空海の「求聞持法」による創造性開発

### 並はずれたイメージ能力の持ち主・空海

平安遷都（七九四年）で都が今の京都に移ったのは、もちろん政治的にも大きな意味はありました。しかしそれは宗教の面でも大変革をもたらしたのです。

平城京（奈良の都）では、宮廷に看病僧として入りこんだ玄昉《げんぼう》や道鏡《どうきょう》のような僧侶が政治に介入し、とりわけ弓削《ゆげ》道鏡は女帝孝謙天皇（のちに退位されますが、もう一度天皇の位について称徳天皇になります）にぴったり癒着していたと伝えられています。なにしろ称徳天皇は、九州の宇佐八幡宮の神託と称して、ついに道鏡に位を譲って彼を天皇にしようとなさったくらいなのですから。

このときには、その「お告げ」を確認に行ってこい――と言われた和気清麻呂が（おそらく藤原氏の意向をも受けて）、そんなばかばかしい神勅があるものかと復命して、道鏡の野望は挫《くじ》かれます。そうしたこともあって、都移りの理由自体、もう少し政治と奈良（仏教）の間に距離をおこうとしたものだったのでしょう。

そんななかで新しい仏教の誕生が待ちのぞまれていました。その期待を担《にな》って登場したのが比叡山延暦寺《えんりゃくじ》（天台宗）の開祖・伝教大師最澄（七六七―八二二年）と、高野山金剛峯寺《こんごうぶじ》と京都東寺《とうじ》（真言宗）の開祖・弘法大師空海（七七四―八三五年）の二人です。

二人とも、唐（中国）に留学して、かの地の新仏教を移入し、それを日本の風土に合わせて花を咲かせたのです。最澄は天台教学を伝え、空海は長安の青龍寺の恵果阿闍梨《けいかあじゃり》に学んで真言密教を伝え、ともに、大乗仏教の立場から人々を救済するための学問と修行を積みました。

二人とも顕教（文字や言語で明らかに説き示された教え）、密教（容易に知り得ない深遠な秘密な教え）の両方を学びましたが、最澄は顕教に、空海は密教に、それぞれすぐれていたように思われます。

空海は、七―八世紀頃いちばん盛んだったインドの密教を中国経由で日本に伝えたのです。インド密教はインドの大乗仏教が大衆化していく過程で、土着のヒンズー教との接触、融合を深めてでき上がったものです。つまり呪術的な祈禱《きとう》や精霊崇拝を発展させるとともに、伝統的な仏や菩薩のほかに、ヒンズー教の神々をとりこみました。そして、それらの神々を手がかりにして、宇宙の本体である大日如来《だいにちにょらい》と合一した感じを体得しようとする修行法が考え出されたのです。

密教では、板や布に諸尊像やその象徴的な持ちものや文字を彫ったり描いたりして礼拝するのですが、それを曼陀羅（マンダラ）と言います。慈悲の世界を表す胎蔵界《たいぞうかい》曼陀羅と知徳の世界を表す金剛界《こんごうかい》曼陀羅があり、中央に大日如来が描かれ、それを取り巻くように諸仏、諸菩薩、明王、諸神、そして亡霊や鬼までが配され、そのすべては大日如来の働きを表現すると考えられたのです。曼陀羅は宇宙や世界を表す象徴の空間で、これを日本に伝えたのが空海なのです。

空海の方法の中心は、たぶん曼陀羅をまざまざと心像として思い描くことで、さらにその思い描かれた曼陀羅図像と「自分」の心像を重ね合わせ、最後にはその中央にいる大日如来と自分とが一体になったという心像をもつことだったのでしょう。空海はたぶん自分でも並はずれたイメージ能力をもち、その能力を開発できるように、弟子たちや、信者や、祈禱の依頼人を指導することが巧《たく》みだったのだと思われます。

このような「イメージをもつ」能力は、ある程度は生理的で、生まれつきのものです。花瓶なら花瓶をじっと見つめていて、そのあと視線を白い壁の上に移すと、あるいは花瓶を白い紙で隠すと、さっき見つめていた花と花瓶が白い壁や紙の上に消えずに残っているという経験をなさった方がいないでしょうか?

これは直観像という現象で、多くの少女(女性の方が多いのです)は前思春期まではこれをもっています。さらに「夢幻様人格《むげんようじんかく》」といって、生き生きした表象をもち、白昼夢や、寝入りばなや醒《さ》めぎわに幻覚を見やすく、夢と現実が入りまじりやすいという性格もあります。芸術家や宗教的天才に、ときにこのタイプが含まれますし、ある種の精神病者のなかにも認められます。

## 行者空海の神秘体験と創造性開発

空海ほどの天才になればそういった素質もあったのでしょうが、なによりも空海はその能力を開発するための「修行」をしているのです。

この「修行」は、「虚空蔵菩薩求聞持法《こくうぞうぼさつぐもんじほう》」といって記憶術でした。大学の明経道《みょうぎょうどう》(儒学)の学生であった若き空海は、その修行の中で真言密教の行者に変身します。この方法は、深山幽谷のなかで難行苦行しつつ、虚空蔵菩薩の真言《しんごん》を唱えて瞑想するのです。空海はこれを室戸岬の洞窟のなかで完成するのです。これが行満したとき、「明星が飛んで来て口に入り谷がとどろいた」といいます。

身体のなかから明るい光が輝き出し、瞬間、轟音《ごうおん》がする、というのは、今も昔も神秘体験に到達した瞬間によく経験されるらしいのです。その前提として、①感覚遮断（空海の場合は、室戸岬の洞窟、キリストの場合はユダヤ砂漠のなかの岩山の洞窟でした。実験状況では目に黒いゴーグルをかけて防音室に入れる。過激な実験では、体温と同温のぬるま湯につけて、足が底につかないように浮かしておく。そうしたことをすると、普通の被験者でも数十分で幻覚が生じ、被暗示性が強くなります）。②断眠。③飢餓による低血糖。④呼吸法による酸素欠乏、または、深呼吸による血液のアルカリ性化……といった生理的条件の変化があります。

血液のアルカリ性化、というのは、精神科医は脳波の検査の際、患者さんに深呼吸をしてもらいます。そうすることで血液がアルカリ性化し、てんかんや脳発達の遅れのときに見られる徐波が、見られやすくなるからです。

禅やヨーガの導師は、瞑想や禅定《ぜんじょう》に入ったとき、ふつうの人なら、目を開ければアルファ波は消えてベータ波やガンマ波という速い波が見られるのに、そうはならず、遅いアルファ波が流れつづけています。

この種の生理的な状態は、心理学的には神秘体験のとば口です。おそらく空海はその一歩先まで行ったのでしょう。その際、幻覚も体験したのでしょう。室戸市には金剛頂寺《こんごうちょう》というお寺があって、空海が悪魔と問答している光景がレリーフにされています。これも荒野で悪魔と問答したキリストと同じです。しかし、空海は、そこで現実にたち戻ります。

つまり、幻覚的要素を取りのぞいた「目を開けていても遅いアルファ波が流れている状態」は、「意識は明瞭だけれども、それが何かにとらわれていない状態」です。そこで見たもの、読んだものは、教典でも仏像のお姿（儀軌）でもが、直接に、心のスクリーンに焼きつけられることになったのかも知れません。

空海の、仏教だけではなく、語学をはじめすべての学問領域に達した天才という定評は、ここからきたのでしょう。そして獲得された「イメージを眼前に明瞭に思い描く能力」は、唐から帰国後、東寺、金剛峯寺の建立だけでなく、満濃池の建設のような土木工事の計画・指揮にも発揮されたのでしょう。

今日、瞑想によるイメージ能力の育成が創造性の開発に役立つことは知られています。

## 『源氏物語』にみる因果応報の理

### 優雅な平安朝「恋のルール」

わが国の中世（平安時代）の文化は圧倒的に女性文化でした。というより、今日から見て、世界的に認められ、私たちの心をも打つという文学作品のほとんどは、この時代の女性たちの手によって書かれています。その代表作は紫式部による『源氏物語』と、清少納言による『枕草子』ですが、菅原孝標《すがわらのたかすえ》の娘による『更級《さらしな》日記』、道綱の母による『蜻蛉《かげろう》日記』など、平安女流文学の裾野はひろいのです。

もちろん、これらの作者たちが人間としての本名で呼ばれていない、あるいは、系図にも単に「女」としか表記されていないので、本当の作者がわからない、といったことが示すように、さらにまた、『源氏物語』が読みようによっては、身勝手な男性たちに対する「女性としての抗議の文学」とも読めるという説もあるように、今日の「人権」の感覚から言えば、「女の社会」といっても、それはホンモノではないという考え方もありうるでしょう。

しかし上記の文学を読んだ限りでは、たとえフィクションのなかだけでも、平安時代の、少なくとも貴族の社会では、男女の間には、文学を媒介にした「恋のルール」が成り立っていました。そして、その限りでは女性優位が成り立つ余地があったのです。

平安貴族たちの間では、恋愛は男性が女性に歌を詠みかけることで開始され（稀にはその逆もありました）、女性がこれに返歌する、という形で進行したのです。平安貴族型の恋歌の応酬には紋切型があって、男性の方が「私はこれほどあなたを思っているのに、あなたは薄情だ」と文字通り「泣き落とし」をかけ、女性の方でこれを「そんな嘘ばかりおっしゃって」と気をもたせるような拒絶をする――というのが第一歩です。もちろん、なかには、清少納言のような強気型の女性もいて、

夜をこめて鶏のそら音ははかるとも
よに逢坂の関はゆるさじ

というふうにぴしゃっと断わってしまうこともありました。

この歌は、中国の戦国時代の歴史に出てくる孟嘗君《もうしょうくん》という貴公子の挿話を引いています。孟嘗君は太っ腹で、その邸には居候《いそうろう》がいつもごろごろしていた。ところが孟嘗君が政

争に負けていざ亡命ということになったら、食客たちはいずれも逃走してしまって役に立たない。わずかに彼を救ったのは元泥棒かなにかで、鶏の啼き真似の上手な男で、この男が鶏の声帯模写をして、「朝がきた」と関守に信じこませて関門の扉を開けさせた。おかげで孟嘗君は国外に逃亡できたというのです。つまり、清少納言の歌は、そんな計略に私は乗りませんよ、夜っぴて部屋の戸を叩いたって逢ってやるものですか——というものです。

こんな歌を詠みかけられて、相手の男がこの挿話を知らなければ、彼は面目を失います。ですから清少納言の恋人の一人も、彼女に「拙者は和歌は苦手です。歌なんか作る女は仇《あだ》敵《がたき》とも思う」と言い放っています。

しかし　こうやって、男（雄）がつっかけ、女（雌）がいなし、いなしながら自分が決めておいた巣の場所に相手を誘導するというのは、トゲウオについて比較行動学者たちが観察した通りの、脊椎動物に見られる配偶行動（メイティング・ビヘイビア）の原型です。そこでちがいが生じたのは、和歌の贈答というような極めて優雅で、文化的なルールにまで、それが昇華していたことです。

その後、現代までの日本の社会は、これほど優雅な「男女交際の規則」をついに生み出すことはありませんでした。平安朝で、そうなったについては、世界でも稀なくらい、そして東洋では唯一と思われる、わが国の宮廷の「開かれた」構造がありました。後宮には多くの女房（女官）たちが住んでいて、当時の「寝殿造り」の構造を見てもわかるように、それは比較的「出入り自由」でした。貴族の男性たちは、そこでさまざまの才覚による宮廷恋愛をおこなうのですが、それを「不義は御家の御法度《ごはっと》」という風に乱暴なやり方で禁止しないなら、また今日の通勤電車のなかのように痴漢の巣にしないなら、「文化による抑制」の装置を何とはなしに作り出すほかはなく、それが機能していたのです。

## 「因果応報の理」による悪の抑制

中東からアジアにかけては、ごく最近まで（たとえば中国では清朝の滅亡まで）、宮廷には、宦官、つまり去勢された男性官僚がいて、彼らが後宮の監視と警備に当たっていました。彼らは皇帝の側近にいて、皇帝を掌中の玉にしているという特権を利用して、大きな権力をもち、政治を私物化していたのです。

日本にはこの残酷で弊害の多い宦官の制度が輸入されることはついにありませんでした。そのかわり、たとえば『源氏物語』では、死んだ母親（桐壷更衣《きりつぼのこうい》）の俤《おもかげ》を宿したと伝えられる藤壷女御《ふじつぼのにょうご》に恋こがれた主人公の源氏が、結局、思いを遂げて、罪の子（のちの冷泉《れいぜい》帝《てい》）が生まれるという話になっていますし、それに復讐されるように、源氏の正妻、女三の宮は源氏のライバルである頭中将《とうのちゅうじょう》の息子・柏木右衛門督《かしわぎうえもんのかみ》の恋慕の対象になり、罪の子である薫《かおる》右大将が生まれることになります。

まあなんと不倫の話ばかり、と眉をひそめる人もいそうですし、現実に、『源氏物語』を「誨淫《かいいん》の書」、つまり人々に不倫をすすめる不道徳な本である、と攻撃する者も昔からありましたし、とりわけ第二次世界大戦中は、軍部や情報局によって、さまざまの圧迫が加えられもしたのです。

しかし、よく読んでみれば、『源氏物語』に出てくる登場人物は、それぞれ「罪の重さ」にさいなまれます。主人公の源氏とその相手である藤壷の二人は、全巻を通じて、帝を欺《あざむ》いたという罪責感を担いつづけます。柏木右衛門督にいたっては、女三の宮との関係を源氏に知られたことを悩み、今日でいえば鬱状態になり、拒食の結果、衰弱死を遂げるのです。源氏自身も、帝の寵姫である朧月夜尚侍《おぼろづきよのないしのかみ》との関係が明るみに出て、みずから須磨、明石に流れていくというペナルティを引きうけることになります。何よりも、みずから冒した同じ罪を今度は柏木に犯されて、因果はめぐる――ということになるのです。

当時の人々が殺し合うのをやめ、さらに不倫に対する歯止めにもなっていたのは、むしろ「仏教的」な因果応報の考え方だったのです。

この考え方は江戸時代にも尾を引いて、無惨に殺された人々は幽霊となって復讐します。それは歌舞伎の怪談にもよく登場し、『東海道四谷怪談』のお岩さまの幽霊は虐《しいた》げられた女性の、『蔦紅葉宇都谷峠《つたもみじうつのやとうげ》』の座頭・文弥の幽霊は強盗の被害者になった視力障害者の、『東山桜荘子《ひがしやまさくらそうし》』の浅倉当吾（佐倉宗五郎がモデル）の一家の亡霊は領主の非道に抵抗して殺された農民の怨念を代表したのです。これらはいずれも、「文化の型」によって決まった、「因果応報の理」による悪の抑制のしくみでした。もちろん、平安朝の貴族の間でのそれは、ずっと穏やかです。

近代の明るい光のもとで、私たちは、子どもたちに「因果応報の理」、つまり、いいことをすればいい報いがあり、悪には悪の報いがあることを教えることを怠ってきました。「悪には悪の報いがある」ということを子どもたちに教えることができないなら、盂蘭盆《うらぼん》には、平成九年、神戸市垂水区の少女・小学生殺傷事件の現場となった「タンク山」は、殺された幼女や少年や、それに猫までもの亡霊が徘徊するところとなるでしょう。今日、幽霊が人々の良心にかわって悪事を制御することは期待できません。大人たちが犯罪の標的となる弱者を守らなければならないのです。

# 藤原道長と「往生」の体験

## 栄華の果てに極楽往生を願った御堂関白

平安時代の貴族たちの頂点に立っていたのは、御堂《みどう》関白と言われた藤原道長（九六六―一〇二七年）でした（彼は摂政・太政大臣《だじょうだいじん》です。実は彼は関白にはなっていません）。彼は一条天皇の中宮彰子《しょうし》、三条天皇の中宮妍子《けんし》、後一条天皇の皇后威子《いし》の父親として、つまり「外戚《がいせき》」として、絶大な権力をふるいました。平安時代の藤原氏一門が政治を支配する方法は、天皇に比較的若い年齢で退位してもらい、そのかわり、自分の娘を皇后・中宮にして、年少の天皇を即位させ、自分は皇后の父親として、幼い天皇の顧問格となって、実質的に朝廷を支配する、というやり方でした。

その方法を最も有効に機能させて、権力を行使したのが道長でした。奈良時代には、吉《き》備真備《びのまきび》のように中国留学生（遣唐使）出身で右大臣になった人もいましたし、平安時代になっても、初期には菅原道真のように、文章生《もんじょうしょう》（国家公務員行政職第一種のようなものです）出身で右大臣という政権の中枢に近づいた人もいましたが、菅原道真は、九〇一年、藤原時平ら藤原氏総がかりの陰謀によって失脚します。それ以後は、政権は藤原氏内部の争いになります。いわば親戚同士の争いですから、争いは陰湿にはなるけれども、そのかわり、失脚しても殺されはしません。

藤原道長のライバルは、一条天皇の皇后定子《ていし》の同胞である藤原伊周《これちか》でした。伊周は道長に敗れて失脚するのですが、配流されただけです。一条天皇の中宮上東門院彰子と道長は紫式部を、定子と伊周は清少納言を、それぞれ女房（侍女）としてサロンを形成していましたから、政治的ライバル関係は、女性の魅力と文芸の才能のライバル関係でもあったのです。政治の争いも、これではずいぶん優雅な装いがこらされていたことになります。

その道長ですが、自筆の日記（『御堂関白記』）が残っています。彼のことを詳しく観察して書いた歴史物語（『大鏡《おおかがみ》』と『栄華物語』）もありますし、『紫式部日記』にも道長本人が登場します。『源氏物語』のモデルの一部は彼ではないか、と言われているくらいです。

彼は一〇一八年、娘の威子が皇后になり、娘のうち三人までが后になったとき、「この世をばわが世とぞ思ふ望月の欠けたることもなしと思へば」というずいぶん高姿勢な歌を詠んだくらいで、若いときから、高飛車《たかびしゃ》で強気のエピソードが多く伝わっていますが、一方では、自分が失脚させて皇位につけなかった皇子たちには、財政的に酬《むく》いてやるなど、気配りが細やかだったという挿話も伝わっています。

その日記の『御堂関白記』は、「具注暦《ぐちゅうれき》」というカレンダーの欄外に書きこまれたものですが、几帳面な細かい筆蹟で、性格が几帳面で細かかったことがわかります。強気の一方、几帳面で細かい気配りのできる人というのは、典型的な循環気質（躁鬱《そううつ》質とも言います）。つまり、「気分に波があり外向的で社交的タイプ」ということになります。

彼は晩年、やはり、そういう人にありがちな短い鬱状態にくり返しとりつかれたようで、ふさぎこんだり、胸苦しさを訴えたことが多かったようです。そのうえ、循環気質者によく見られる太り型の体型の人だったのではないでしょうか。

彼は水をよく飲む、のどのかわきやすい病気にかかっていたようで、これは今日から見れば糖尿病です。平安時代に糖尿病になれるくらいですから、食いしんぼうで栄養のとりすぎだったのかも知れません。そのうえ、眼病にもなっていたそうですが、これも糖尿病者にはありがちのことです。

そういうわけですから、彼は晩年、自分の住居を寺院に改造して、法成寺《ほうじょうじ》と名づけていました。彼の息子の頼通が建立した宇治の平等院は、これにははるかに及ばなかったといいます。住宅を寺院にしたのは、やはり当時の浄土教の考え方に従って、極楽往生を願ったのでしょう。

## 道長の死にぎわ――五色の蓮糸を手に持って

道長の死にぎわも医学的に今日から見て、よくわかっているものの一つです。つまり、背中に膿瘍ができて、それが治らないで死んでいます。糖尿病があれば、化膿性疾患は治りにくい。これは今日でもそうですから、抗生物質のない当時、そうなったのは当然かもしれません。おそらく敗血症をおこし、高熱の中で意識が混濁して死ぬことになったのでしょう。

そのなかで道長は、壁に阿弥陀仏《あみだぶつ》の画像を掛けさせ、阿弥陀仏の手から、五色に染めた蓮糸を曳《ひ》かせて、それを手に持って死にました。彼は臨死期の幻覚のなかで、自分を迎えにきてくれる阿弥陀仏にみちびかれて極楽に往くと信じていたのでしょう。つまり、これは平安時代風のヴァーチャル・リアリティ（仮想現実）の技術だったのでしょう。

藤原道長に限ったことではありません。当時の人々は、浄土教の教えに従って、阿弥陀仏のみちびきで極楽に往きたいと念じていました。京都の貴族たちが病気になったとしましょう。軽い病気のときは、典薬寮（今の厚生労働省と国立病院みたいなものです）から医師を呼び迎えもしますが、重病の生きるか死ぬかというときには、高野山や比叡山などから法力があるという評判の僧侶を呼び迎えて、病気癒しの祈禱をしてもらったようです。身体の病気でも、心の病気でも、憑坐《よりまし》という少女に、病気の原因になった「物の怪」を憑かせて祈り伏せるという方法がよく使われました。

『源氏物語』の「葵」の巻には、源氏の正妻である葵上《あおいのうえ》がおそらく妊娠中毒症か産褥熱《さんじょくねつ》かで重態におちいったときに、この方法で祈禱したところ、源氏の愛人である六条御息所《ろくじょうのみやすんどころ》が生霊《いきりょう》になって出現し、自分に恥をかかせたことのある正妻に怨み言を述べるという話があり、六条御息所自身もなんだか自分が生霊になって、髪の長い女の人を苦しめているような夢現《ゆめうつつ》のような状態になるというところがあります。

心理観察者としての紫式部のすごいところは、はなはだ迷信的な説明をしているようでいて、実は、六条御息所が抑圧された嫉妬と憎しみから、解離障害の状態になったこと、葵上の方も、うすうす彼女の怨みを知っていて、その不安が産褥熱による熱性せん妄の際に幻覚として出現したことが、今日の読者にはそう読みとれるように書いてあることです。

そうして、もういよいよ駄目というときには、僧侶は「臨終の導師」に変身して、臨死期の幻覚をむしろ利用して、いい往生を迎えさせようとしたのだと思われます。

そのなかでも、平安末期から鎌倉にかけ、法然が出現して、浄土教の教義が洗練されてくると、こういう事例もあるのです。

ある仏教に心入れの深い女房がいざ往生というときになって、導師（法然自身ではないかと推定されます）を呼び迎えます。導師が行ってみると、女房は「地獄の火の車が自分を迎えにきている」と言います。導師は、心を強くし念仏を唱えるようにすすめます。女房は次に、「天人が輿《こし》に乗るようにと言います」と言います。「それも魔があなたを迷わしているのです」と導師は言う。次に「尊いお坊さんのような人がきました」と言うのを、「その人について行ってはいけません」と言い、最後に何も見えなくなったとき、「今です、心を強くして往きなさい」と言って死なせるのです。

「弥陀《みだ》の本願に従って自然に行きつけるところが極楽であって、他者の案内は不要」という中世浄土教の真髄がこれです。末期に病院で医療器械に取り巻かれて、物体のように死ぬ、という今日の「死に方」には、たしかに問題がありそうなことを、これらの挿話は教えてくれているのです。

# Ⅲ　中世――仏教の民衆化と男性原理の時代

# 男性原理の体現者・北条政子

## 文民統治から武士による軍事政権へ

「女性原理」が優位であった日本の社会と文化の大転換点は、もしかしたら一一九二年、源頼朝による鎌倉幕府の開設かも知れません。それまでの宮廷による文民統治から、武士による軍事政権に移り変わるのです。古今を通じて、軍事政権というのは男性原理に立っていますし、その下で文化も、社会も次第に男性優位になっていくのです。もっとも、それは政治的な変化のようにはっきりといつから、というのではなくて、徐々にいつの間にかそうなっていたという形をとるのです。

そもそも政権が宮廷を離れて、武士に移行するについては、保元《ほうげん》・平治《へいじ》の乱とそれにつづく平家の全盛がその発端にあると言わなければなりません。そして、保元の乱（一一五六年）の発端は鳥羽法皇と后の美福門院《びふくもんいん》、その子近衛《このえ》天皇、美福門院に嫌われたいわば継子に当たる崇徳《すとく》上皇の間の、いかにも平安時代的な女性を軸としたどろどろとした対立がありました。保元の乱が人々の間に「女性の呪い」がもたらしたものというイメージをもたれていたからこそ、あの玉藻《たまも》の前《まえ》伝説が生じたのでしょう。

今日、東北新幹線の那須塩原駅や宇都宮線の宇都宮駅や西那須野駅では、「九尾《きゅうび》ずし」という名の、ハムやチーズなども載った和洋折衷みたいな変わりずしが売られていて、箱には尻尾が九つに別れた妖狐《ようこ》がデザインされています。たいていの客はこれが那須野の殺生《せっしょう》石《せき》伝説に因《ちな》んだものであることは知らずに買っているようです。

玉藻の前伝説は浄瑠璃の「玉藻前《たまものまえ》曦《あさひの》袂《たもと》」や、岡本綺堂《きどう》の名作『玉藻前』のもとになります。

中国で帝王を迷わして亡国の原因になった毒婦の妲己《だっき》は、実は尻尾の九つに別れた狐です。中国では昔、老いた狐は頭に人の頭蓋骨をいただいて化身して美女になると信じられていました。王朝が滅び、狐は日本に渡って玉藻の前という美女に変身し、女房（女官）となって宮廷に入りこんで対立を煽《あお》り立て、保元の乱を起こさせ、陰陽師《おんみょうじ》（宮廷づき呪術師）に正体を見あらわされ、九尾の狐となってその辺を荒らし回るのですが、三浦義明という武士に射られて、今度は殺生石となって、近よってくる人も動物も取り殺すということになっています。

この話自体は荒唐無稽ですし、殺生石伝説は、温泉の噴き出す硫化水素や、メタンガスにやられて人も獣も死ぬのを、あとから説明するためのこじつけのように思われますが、それでも、人々の心のなかにある戦争をひき起こすまがまがしい女という観念が投影されているのです。

保元の乱の場合、登場する二人の貴族、天皇方の藤原忠通の参謀であった藤原信西《しんぜい》と、忠通の弟で崇徳上皇方の藤原頼長の二人は、いずれも平安期の流儀とは違って割り切って物事を考えるタイプの理論家肌で、「男性原理」に立って行動する人でした。しかも前者が平忠盛・清盛、源義朝らを、後者も源為義・為朝らの武士を召し寄せて武力に頼ります。武士たちの武力に頼って政治的目的を達しようとした貴族たちは、結局、その後「庇《ひさし》を貸して母屋を取られる」ようなことになるのです。そして、この時期が女性原理が男性原理にとってかわられ、男女関係も変化する過渡期であったことは、かつて映画「地獄門」の主題にもなった「袈裟《けさ》と盛遠《もりとお》」の挿話にも示されます。

北面の武士（院＝上皇のガードマン）であった遠藤武者盛遠は、当時評判の美女、袈裟御前に恋こがれて言い寄るのですが、袈裟は夫があるからと言って応じません。それでもあまり強く迫られるので、「夫を殺してくれればあなたのものになります」と言い、盛遠は手引きされた通り忍びこんで、夫の首を打ち落としたと思ったら、それは袈裟御前の首で、彼女は夫の身がわりになって、夫の寝床で寝ていたのです。

この挿話に出てくる盛遠の野蛮ぶりも、それから袈裟御前の貞操観念も王朝物語には登場しない考え方です。つまり「女性は自分を犠牲にして夫に仕えるべきである」という考え方がすでに登場しているのですが、盛遠も封建制が成立してからの武士のように不倫にもとづく殺人を咎《とが》められてはいませんし、袈裟御前の方も、主観的には、まだ、「二人の男の板挟みになって」自殺した真間《まま》の手児奈《てこな》のような万葉の時代の美女の意識をひきついでいるように見えるのです。

## アニムス優位の尼将軍

その後、源平の対立時代を乗りこえて、源頼朝が鎌倉幕府を開くことになります。頼朝は最初の源氏対平家の全面対決になった平治の乱で、父親の源義朝に従って戦い、この時は平家方の勝利となって捕えられます。兄の悪源太義平は処刑されるのですが、頼朝は池《いけの》禅尼《ぜんに》という女性の口利きで、人情に負けた平清盛に命を助けられます。つまり、このあたりまでは日本的「女性原理」は有効なのです。

その後、頼朝は伊豆に配流され、配流さきの土豪北条時政の庇護をうけ、北条政子を妻とします。そしてこの北条政子と頼朝のコンビは日本史上で最も冷徹で、肉親をも他人をも信用せず、許すことはないというおよそ「日本的ではない」政治をおこなうのです。

頼朝は、自分が「許された」ことを反面教師として、平家一門をことごとく殺しつくします。源平合戦で大いに自分を助けてくれた弟の源義経も叔父新宮《しんぐう》十郎行家も容赦なく殺されます。このやり方に対して政子が歯止めをかけるどころか、むしろ、政子はそれを代表していたことは、頼朝の死後の政子のやり方を見てもわかります。

彼女は出家して尼になるのですが、「尼将軍」と呼ばれるくらい、政治の実権を掌握しています。そして、政権の維持に障害になると思えば義弟の源範頼《のりより》も、実子の頼家も殺害してしまいます。

一方、彼女の統治ぶりは、公式記録である『吾妻鏡《あずまかがみ》』に見られるように合理主義で、割り切ったものでした。その後、鎌倉幕府と京都の朝廷との対立が生じ、承久《じようきゆう》の変（一二二一年）が起きたときには、天皇にはむかうことに躊躇《ちゆうちよ》する将兵を激励して演説までしています。「ついこの間まで武士たちは貴族に平伏してこき使われていた。あの屈辱を忘れたか。またあんな世の中になっていいのか」と言うのです。つまり階級闘争を煽動しているのです。

ここまで割り切った「男性的」人物は男でもまれです。つまり政子は女性でありながら男性原理を体現した政治家でした。

ドイツ語圏スイス人の精神科医で分析的心理学の創始者C・G・ユングによると、男性の心の奥底にもアニマといって女性的なものが潜《ひそ》み、女性の心のなかにもアニムスといって男性的なものがかくれています。源平時代はこの女性のなかのアニムスがかき立てられる時代だったのでしょう。肉体的、筋肉的レベルでのアニムス優位型の女性としては、木曾義仲の周囲にいた巴《ともえ》御前や浅利義遠の妻であった板額《はんがく》のような女戦士がいます。

今日もまた女性のなかのアニムスがかき立てられている時代です。現代の巴御前はプロレスラーになってリング上で戦死をとげたりしますが、現代の政子はどんな形で登場するのでしょう。

# 鎌倉仏教と神秘家・明恵上人

## 『夢の記』を残した明恵の夢幻様人格

平安時代につづく鎌倉時代（一一八五―一三三三年）は、政治的に言えば武家の時代、社会経済的に言えば古代貴族制が終って中世の封建制が開始される時代、そして文化的には仏教の民衆化の時代だったということになるでしょう。

ヨーロッパの中世も、やはり、宗教の時代で、「死を想え（メメント・モリ）」ということが人々の間で唱えられ、死は人々の生活と意識の身近かに感じられていたのです。日本の中世はヨーロッパのそれとは時代もずれているのに、人々が末法（つまり仏教が衰滅する時代）におびえ、「往生」を願って死を身近かに感じていたという点で共通しています。日本とヨーロッパの中間にある中国・インドの二大文化圏では、これほどはっきりした「中世らしさ」が出現しなかったのに、これはどういうわけかと思われます。

とにかく、わが国の中世で、仏教の民衆化がおこなわれたのはなぜでしょう。

古代には、文化の恩恵を受けるのも、宗教の布教の相手も、国民全体からみればほんのひとにぎりの貴族たちだけでした。ところが中世には、なんといっても京都の貴族たちの支配力が衰えて、地方の武士や農民や、京・鎌倉の町衆（商工業者）が力をつけてきたために、つまりは、土地の所有形態が変って文化に対する「需要」が大きくなって、宗教を受け入れる人たちもふえたのでした。

他方では、絶え間のない戦乱、飢餓、地震、疫病——と、人々の前に「死」が突きつけられるという事実もあったのです。そのなかで、法然（一一三三—一二一二年）の浄土宗や親鸞（一一七三—一二六二年）の浄土真宗、道元（一二〇〇—一二五三年）の曹洞宗《そうとうしゅう》、日蓮（一二二二—一二八二年）の日蓮宗、一遍《いっぺん》（一二三九—一二八九年）の時宗《じしゅう》など、民衆を教化の対象とする新しい仏教の宗派が次々に生まれてきたことはよく知られています。そして、案外知られていない事実として、律宗の睿尊《えいそん》（一二〇一—一二九〇年）や忍性《にんしょう》（一二一七—一三〇三年）のように、伝統仏教の立場から、民衆のなかに入って社会福祉事業に力をつくした人たちもいたのです。

なかでもその懐かしい人柄と、神秘家としての生涯で異彩を放っているのが、京都・栂《とが》尾《のお》高山寺《こうざんじ》の華厳宗《けごんしゅう》の僧・明恵《みようえ》上人（一一七三—一二三二年）でしょう。

明恵はまるで少年のような純粋な人柄と、深い信仰体験によって知られています。そして、自分の見た夢についての詳しい日記を多年にわたって書いた『夢の記』を残しているのです。そのうえ、明恵は自分の耳を切って仏に供えるとか、紀伊半島の沖に浮かぶ小島に手紙を書いて弟子に届けさせたという奇行でも知られています。

さらに、謡曲「春日龍神」では、明恵上人が仏教修行のためにインドに渡ろうとしたとき、上人を手放すことを惜しんだ春日大社の龍神が神託を下して渡海を思いとどまらせるという話になっているのです。つまり、明恵上人は、神々に愛《め》でられた人として知られていたのです。

実のところ、日本の文化史のなかでは、個人が心のなかでどういう体験をしていたか、とりわけ宗教的にどんな内側の体験をもっていたのかについての記録は乏しくて、明恵の『夢の記』や弟子たちの記録はとても興味のある「心の鏡」になっているのです。

明恵の少年時代、母親が世を去って、まもなく父親の平重国も戦死し、故郷の紀州を離れて比叡山に上り、文覚上人の弟子になります。敗死した武士の幼ない子どもが僧侶になるのは法然もそうであり、この時代の定番でした。

明恵は、比叡山の厳しい環境のなかで厳しい修行にはげむのですが、とりわけ亡き母親に対する想いが強かったようです。そして、母親は彼に対しては「仏眼仏母尊《ぶつげんぶつぼそん》」という仏のイメージとして出現します。それは夢のなかに出てくるのみでなく、イメージとしても現われてきたようです。

明恵は直観像所有者と呼ばれるたいへんはっきりしたイメージをもち、さっきまで見ていたものや考えたことが目の前にはっきりとした心像として描かれる、という性格であったようです。そして夢のなかで見たことが現実の信仰に影響を与え、昼間の修行や観相がありありと夢に出現するというタイプの、「夢幻様人格」とでも名づけられる人格だったようです。

こういう人格は、明恵のように清らかで無私の信仰に裏づけられていれば豊かな宗教体験を生みますし、今日のような犯罪小説やホラー・ビデオに導かれれば、神戸小学生殺害事件の犯人のような惨虐な幻想の土台になります。

明恵の場合、この人格は、経典や仏像についての素晴しい記憶力、芸術に対する感受性の土台になりました。明恵が後年住持をすることになった高山寺は、鳥羽僧正の「鳥獣戯画《ちょうじゅうぎが》」などのユニークな美術のコレクションや茶の栽培を、彼の指導の下にはじめたようです。

## 母なるものへの無限の思慕と無私の信仰

しかし少年時代の明恵は、きわめて禁欲的な修行をおこなっていたらしいのです。彼は、修行に集中し「仏に身を捧げる」ために耳を切って仏に供えたのです。まるでゴッホのような——と思う人もいそうですが、明恵の場合、「身を捧げて仏に仕える」という気持は純粋で、ひたむきなものでした。それは幼い時代に父親が死に、母親がそれに引きつづいて死んでしまったという体験からきているのかも知れません。

つまりフロイトによる精神分析学の公式によれば、エディプス・コンプレックス（父親に対する反感と母親への独占欲が抑圧されたもの）が形づくられる時期に、「ボクが憎んだので父上は亡くなった。ボクが悪い子なので母上もどこかに行ってしまった」と子どもが無意識に考えるような状況が、少なくともそこにはあったのです。そして、それを仏教的な罪悪感に昇華（無意識の観念をより高次の行動で実現すること）したとき、献身的でストイックな人柄ができ上ることもあるのです。

明恵は茸が好きだったので、寺院での貧しい食事のなかで、弟子が舞茸の汁を作って差し上げたところ、袂からひとつまみの塵をその汁のなかに入れて見咎められ、「あまりおいしいので」と恥ずかしそうに言ったという話が伝えられています。

明恵は禁欲的ではありましたが、それを他人に強制する冷たい人ではなかったのです。紀伊の故郷の沖に浮かぶ苅藻島《かるもじま》という小島がむしょうに懐かしくなり、弟子にその島あての手紙を届けさせたという挿話も、彼の人なつこい性格を示します。仏眼仏母尊のイメージを心に抱きつづけ島を慕いつづけた明恵の心のなかには、「母なるもの」への無限の懐かしさが生涯を通じてあったのです。

もっとも現実の彼は華厳宗を代表する厳しい論争家であり、凛然《りんぜん》とした宗教家でした。高山寺住持のころ、承久の変が起こり鎌倉幕府の軍勢が京に乱入します。後鳥羽上皇方の将兵のなかに高山寺に逃げこむ者があり、明恵は鎌倉軍の指揮官、北条泰時の前に引き出されます。「仏前をたよって逃げてくる敗残兵を匿《かく》まうくらいのことは今後ともするつもりです。武士の論理で不都合とおっしゃるなら早速、愚僧の首をはねて下さい」と言う明恵に感動した泰時は、彼の帰依者になってしまいます。

母親へのあつい思慕と宗教心に支えられていればこそ、優しく、凛として、かつ神秘的な明恵の人間像が生み出されたように思われるのです。

## アルコール依存症だった執権・北条高時

平家なり太平記には月も見ず

平家一門の勃興と没落を琵琶法師の語る音曲にのせて歌い上げた『平家物語』にくらべて、建武の中興と南北朝時代についての軍記物である『太平記』はずっと殺風景だとは多くの人が感じるところでしょう。平家物語には、まだ平安朝の女性文化の余韻が残っていて、源氏・平家ともに登場人物は優しくて、繊細です。平清盛や源義経のようなコワモテの人物でも、人前でよく泣きますし、心の奥底の女性的な部分（アニマ）によって動かされているところが大きいように思われます。二人とも、武将でありながら感性に女性的な部分があって、それが現実的には優しさとその反面の優柔不断の原因になっているように思われます。

これに対して『太平記』の登場人物はずっとドライです。とりわけその後半部分に出てくる、足利尊氏《たかうじ》の執事（事務局長）だった高師直《こうのもろなお》（彼は『仮名手本忠臣蔵《かなでほんちゅうしんぐら》』では吉良上野《きらこうずけの》介義央《すけよしなか》の原型として登場します）や婆娑羅《ばさら》大名（やりたい放題の大名）として名を知られている佐々木道誉《どうよ》といった人たちは、自分の欲望のままに勝手次第に行動し、天皇であろうと主君であろうと相手かまわず乱暴狼藉を働き、およそ礼儀や対人的な気兼ねなどというものは絶無という連中でした。高師直は他人（塩冶判官《えんやはんがん》高貞）の妻（顔世《かおよ》御前）に不倫を申し向け、拒絶されると夫妻もろとも攻め滅ぼしてしまうというような人物でした。

そんな連中ばかり登場する『太平記』ですが、見方を変えると「建武《けんむ》の中興《ちゅうこう》」の物語は、精神医学の立場から見ても、とても興味があるドラマの舞台でした。

まず、鎌倉幕府の最後の事実上のトップ（執権）であった北条高時（一三〇三―一三三三年）です。彼はたしかに大変困難な状況で政権を握ったには違いありません。彼が執権となる前、元《げん》（蒙古）が日本侵略を企図して襲来するということがあり、それを撃退するために北条氏がトップに立つ鎌倉武士たちは大変な犠牲を払ったのです。死傷者を出したほかにも、その費用のために負債を背負った武士たちは少なくなかったのです。

それまでの戦争は内戦でしたから、勝者は負けた方の土地を没収して、武士たちの功労に報いていたのに、今度はその手が使えません。武士たちの間に不満がたまっていて、その隙間に乗じて、武士たちに奪われていた政治の実権を回復しようとしたのが、後醍醐天皇とそれを取り巻く京都の貴族たちのグループでした。それに皇位の継承をめぐって鎌倉幕府が不用意にそれも中途半端な介入をして、持明院統と大覚寺統という二つの皇統が生じ、後者とその代表者である後醍醐天皇に不満がたまっていたということもあります。そんな状勢ですから執権の北条高時は、よほど細心で、かつ果断に政治を運用しなければならなかったのです。

それなのに高時はどうもアルコール依存症であったように思われます。大酒家で、闘犬や田楽《でんがく》（当時の民間芸能）ばかり好み、政治に身を入れなかった。あるとき酒宴の際、烏天狗のようなものが集まってきて、「天王寺の妖霊星《ようれいぼし》を見よや」と歌い騒いで囃《はや》し立てていて、彼は酔って倒れていたとか、奇妙な話ばかり伝えられます。

これは古い怪異談の定番です。つまり、アルコール依存症の結果生じる精神病である離脱せん妄（酒のきれたときの幻覚）としてならありそうなことで、それを「他の人も見た」ことにして怪異談に仕立ててあるのです。

リーダーがアルコール精神病を起こしているようでは政権はとても保《も》ちません。後醍醐天皇は体制に不満を抱く武士や公卿を集めて、鎌倉幕府を追討するための謀議をはじめます。そのときの思想は、当時中国から渡ってきた宋学（宋代の儒学、主に朱子学）の「尊皇斥覇」の思想でした。つまり北宋・南宋の両王朝は、金・元などの北方の異民族から圧迫を受けていたので、これに対抗するために、帝王に権限を集中し（斥覇）、異民族を撃退（攘夷）する必要があり、そのための思想が宋学でした。

後醍醐天皇と側近の公卿たちは、そのための「学習会」をひらいて研究をしていたようです。当時は、文化が京都の貴族たちだけではなくて、武士たちや町衆など、より広い層にもひろまっていましたから、武士たちの間でも、宋学の影響を受けた人たちがいたようです。地方の武士たちが、貴族にかわってその地方のリーダーになるためには学問をしなければならず、その学問は寺院で僧侶たちから教わります。僧侶たちは当時中国から渡ってきた新しい学問である宋学を教えたのでしょう。

## 何かがキレた律儀な楠木正成

『太平記』に出ている後醍醐天皇の呼びかけに応じた武士たちのなかには、楠木正成《くすのきまさしげ》、新《にっ》田《た》義貞《よしさだ》、名和《なわ》長年《ながとし》といった、自分の利害ということとは別に、その思想に殉じたというような人が多く見られて、それはその頃までの日本の歴史には見られないタイプでした。彼らの行動は、いわば「男性原理」に貫かれていたのです。その典型的な人が楠木正成だったのです。

楠木正成は、後醍醐天皇の召集に応じて挙兵しますが、その前は河内（大阪府南部）の新興の土豪でした。当時の文書に「悪党楠木兵衛尉《ひょうえのじょう》」と誌《しる》されています。これは個人的に悪事をしたという意味ではなくて、伝統的な権力に対抗する新興勢力という意味で、楠木氏は運送業者や土木に携わる庶民や差別されていた人々たちと関係が深かったようです。正成はその総領でしたが、少年時代から河内の観心寺というところで学問を学び、秀才の名が高かったようです。

後醍醐天皇の召集に応じて挙兵してからは、彼は鎌倉幕府が送ってきた追討軍を相手に孤軍奮闘するのですが、その戦い方は、一方では兵書から学んだ高級な戦略戦術と、他方では庶民の知恵が結合したゲリラ戦です。赤坂城、千早《ちはや》城での戦いぶりは、まるで、中国人民解放軍がおこなった毛沢東の『遊撃戦論』にあるような「敵進めばわれ退《しりぞ》き、敵駐《とど》まればわれこれを擾《さわ》がし、敵退けばわれ進む」というゲリラ戦の模範です。

正成は、城を包囲されたら、替玉の死体を残して城を脱出し、今度は兵糧を運ぶ荷駄隊に変装して城を奪還するというような神出鬼没ぶりを示します。その頃の正成には、玉砕をよしとする「特攻精神」など見られません。

その正成が、建武の中興（一三三三年）が成功して鎌倉幕府が滅亡し、さらに足利尊氏が挙兵して後醍醐天皇に叛《そむ》き、湊川《みなとがわ》で戦うときには、はじめから勝てないことがわかっていて、全滅覚悟の戦争をするのです。たぶん、建武の中興の過程を通じて、彼は自分の思想や理想が裏切られるのを実感したのでしょう。

正成のような人は、「几帳面で律儀で仕事熱心な気配り人間」という、前鬱性格（メランコリー親和型）と呼ばれるような人に属するようです。こういう人が中年以後、自分の信じていたものに裏切られたとき、鬱状態におちこむことはよく見られます。湊川の戦いの前、彼はまず尊氏と和睦することを献策し、それが斥《しりぞ》けられると、いったん京都を撤退して敵軍を引き入れ京都への通路を塞いで、ゲリラ戦をやろうという、それ以外にはない戦略を提案します。それが拒否されて彼のなかの何かが「切れ」たようです。湊川への出陣はあきらかに自殺です。

彼のようなタイプは日本人がもっとも好ましいと考えてきた人間像ですが、それは今日、官庁や企業の「自殺してしまう管理職」にも影を落としているのかも知れません。

# 足利将軍家の怪物たち

## 躁鬱気味だった足利尊氏

日常何らかのきっかけで、気分が落ちこんで元気がなくなるという程度のことは誰にもあり得ますが、それで生活に支障が生じることになれば鬱状態におちいったということになります。そのなかでも躁状態と鬱状態が交代で起きてくるのを双極性障害と言い、これが以前から躁鬱病と呼ばれてきたものです。世界保健機構（ＷＨＯ）は、一九九一年五月から、国際疾病分類第十版（ＩＣＤ10）で今までの躁鬱病という呼び名を気分障害に改めました。精神病とは言えないような軽症の鬱状態もそのなかに含まれます。

その状態には内因的、つまり体質が関係するものと、心因的、つまり心理的原因で起きるものがあるとされてきました。しかし、近年では、両者はあまりはっきり区別できないとされていて、前鬱性格（メランコリー親和型性格）と呼ばれる「几帳面で律儀で仕事熱心で、何事もキチンとしなければすまない気配り人間」というタイプの人が、自分なりの生活の秩序、または生き方でやっていけなくなったときに、鍵が鍵穴にはまって、重い扉が開くように、「鬱病」になる身体のなかの仕掛けが廻りはじめると考えられています。

前項で挙げた楠木正成はこのタイプに属するかも知れません。この類型の性格は単極型、つまり躁病にはならないタイプの鬱病になるのが主です。

しかし、気分障害になる人のなかでも、双極性障害、つまり、躁と鬱とを交互にくり返すタイプの人には、気分に波があって、社交的で外交的という特徴の方が強く、そのなかでも、企業の創業経営者になるようなタイプは、「精力のある実際家」とか「逞《たく》ましい猪突《ちょとつ》猛進主義者」の類型でしょう。

建武の中興から南北朝時代にかけての立役者であった足利尊氏と楠木正成の間には、循環気質（躁鬱病になりやすい性格）の二つのタイプ、つまり正成が前鬱性格なら、尊氏は「逞ましい猪突猛進型」という対照が見られます。

室町幕府の創始者は足利尊氏（一三〇五―一三五八年）です。彼ははじめ高氏と名乗り、後醍醐天皇の名である「尊治《たかはる》」の一字を賜って尊氏と改名し、建武の中興の直前、北条氏の京都の本拠である六波羅《ろくはら》を攻め落としたのですが、のち、天皇に叛《そむ》き、後醍醐天皇の大覚寺統と対立していた持明院統の光明天皇を立てて北朝を興《おこ》します。そして一三三八年（暦応元年）に征夷大将軍となって室町幕府を創始するのですが、結局、北条高時、後醍醐天皇と、重臣として仕えた主君を二度までも裏切って、権力の座を手に入れています。

彼をそうさせたについては、「足利の総領たるもの、いつかは天下の権力を握らなければならない」という意識があったのではないでしょうか。そしてその発端となったものに、尊氏の祖父である家時の「鑁阿寺《ばんな》の遺文」というのがあると伝えられています。

鑁阿寺は足利氏の氏寺ですが、家時は「わが家は源氏の正統である八幡太郎義家から六代目の名家であるのに、当主である自分は先祖の名を揚げることもできないので恥ずかしい。死んで魂魄となって子孫を護りたい」と遺書を残して切腹しています。中高年になって、こんな訳のわからない自殺をするとは一体どうしたことでしょう。

この場合、家時は退行期（初老期）鬱病に罹患《りかん》していたと推定ができるように思えます。五十歳〜六十歳の人生の節目にあたって、自分の一生を省み、成しとげ得たこと、これからできそうなこと、できそうもないことを考えて落ちこむというのは、今日でもよくあるケースです。

家時には切腹に追いこまれるような事情が伝えられていないので、歴史上も謎とされているのですが、鬱病による自殺だとしたら、①それは躁鬱病圏の家系上の原因になって子孫に伝えられた。②「天下奪《と》り」の執念が意識的、無意識的に一族に伝えられた——という二つの要素があるようです。そして尊氏は、この①②の両方を身につけていたようです。

躁鬱病（気分障害）は、狭い意味の遺伝病ではありませんが、それになりやすい循環気質（それ自体は異常でも病的でもありませんが）は、家系的に伝えられることまで否定はできません。尊氏については、側近にいた僧侶夢窓国師《むそうこくし》が書いた追悼の文章を見ても、躁病型の循環気質者だったことは疑いがないように思われます。

人づきあいがよく、来るものは拒まず、気前がよく、戦争に勝てば戦利品は左右に積み重ねておいて、戦功を言い立ててくる者には相手の顔も見ずに手ずかみで与えていたというのです。

強気で猪突猛進型の武将なのに、ときに非常に気が弱くなり、落ちこむことがあったようです。楠木正成を戦死させ、京都を占領した後、さらに後醍醐天皇が崩御《ほうぎょ》された後の時期にはいずれも落ちこんだらしく、政務も弟の直義（一三〇六―一三五二年）に委《まか》せ切りになり、「自分の現世はもういいから、直義に果報を下さい」という情ない願文を寺社に捧げたりしています。

これでは「兄貴は弱気になった。あとは俺が」と直義は思うかも知れません。ところが「落ちこみ」の時期が過ぎ去れば、尊氏は強気になります。二人は不和になり、武力衝突ではいったん尊氏は敗北するのですが、その後の兄弟の会見では、負けたはずの尊氏があまり強気なので直義は調子が狂い、うやむやの解決になり、その後直義は尊氏に毒殺されてしまいます。

## 動乱と下剋上を招いた将軍家の異常な人たち

尊氏の行動は振幅が大きくて、理解ができないところがあり、双極性障害であったと考えれば辻褄《つじつま》が合うようです。尊氏は貴族と武士たちの間の闘争で、武士たちに推《お》し立てられて政権を握ったせいもあって、領地は惜し気もなく功労のある武将たちに与えてしまいました。それには前に述べたような彼の性格も一役を買っていたのでしょう。

そのうえ幕府を京都にもってきて、鎌倉に鎌倉公方《くぼう》を置いたので二元政府になりました。そのせいか室町幕府は基礎が脆弱で、歴代の将軍のうち、追放されたり、暗殺されたり、京都を追われて諸国を転々とすることになった人たちが異様に多いのです。

そのなかで、性格的に異常であったと思われる人物は、尊氏の曽孫で第六代将軍となった義教《よしのり》です。彼は足利義満の子で、はじめは僧侶にされ義円と称して天台座主だったのです。兄の義持の死後、くじ引きで将軍に選ばれました。ところが彼は果断な反面、冷酷な独裁者でした。

永享の乱（一四三九年）で鎌倉公方の足利持氏を滅ぼしてからは、皇族、武将、側近、公家、僧侶など、彼が疑った相手ばかりでなく、失錯したり、ちょっとしたことで機嫌を損じた相手まで、片っ端から処刑したり厳罰に処したりしたので、まるで恐怖政治になりました。その点は織田信長の一面だけを先取りしたようなもので、多分、精神病質者に相当するでしょう。

結局、自分もやられるのではないかと怖れた武将の赤松満祐《みつすけ》が、一四四一年（嘉吉元年）六月、自邸に招待して猿楽《さるがく》（能）を上演すると称して暗殺してしまいました。それを予想していなかったところも信長に似ています。

いずれにしても精神医学的、性格学的に見ても異常で怪物のような人たちの多かった足利将軍家は、一方では応仁の乱、戦国時代のような動乱の時代を招くとともに、他方では、下剋上《げこくじょう》と言われる「庶民が元気だった」時代を作り出すことにもなるのです。

## 「癒しの芸術」としての能

### 室町時代が生んだ誇るべき文化・能

長野オリンピックの開会式で、聖火に点火するフィギュアスケートの伊藤みどり元選手が、巫女《みこ》のようなコスチュームをつけて下からセリ上がってきた演出は、人々の目を驚かせました。もちろん聖火の採火は、古代の巫女の服装をしたギリシアの少女たちによっておこなわれます。わが国で、まるで卑弥呼《ひみこ》女王のような衣裳をつけた伊藤選手が点火をすることになってもふしぎではありません。

しかしよく見ると、伊藤選手が着けていたのは古代の衣裳ではなくて、能装束でした。日本の中世（室町時代）が生み出した芸能である能の装束は、今日でも、世界でも最も美しい服装のひとつとして、しかもそれが生きた舞台芸術のなかで、能役者たちによって着用され、演じつづけられているので、わが国の誇るべき文化遺産になっています。

室町幕府は一三三八年に開設されますが、南北朝が合一して内乱の終るのは、一三九二年（明徳三年）のことになります。能はこの時代が生み出した代表的な文化なのです。

足利尊氏が作った室町幕府は、ひとつには朝廷や貴族に対抗するために、武士たちが尊氏をおし立てて作った「連合政権」だったために、第二には気前がよくて、ふだん強気な反面、ときに妙に弱気になるところがある尊氏の性格をも反映して、足利氏の直轄領が小さく、常備軍も少ないという特徴がありました。

それは、①応仁の乱をはじめ国内に内戦やクーデターが次々に起きるという状況を生み、②次に直轄地の小さい幕府は足利義満の時代に、当時の明《みん》（中国）との間に勘合《かんごう》貿易と呼ばれる貿易をはじめて、「国際化の時代」となり、③下剋上と言われるように、庶民や地方の人たちの力が強くなる「地方の時代」でもあったのです。

そのなかから俳諧連歌・茶の湯・剣術といった、これが日本文化の特色だとされている芸道が生み出され、能・狂言はその代表的なものでした。

古来、わが国に伝来した舞台芸術には、渡来人味摩之《みまし》が七世紀のはじめごろ伝えた伎楽、少し遅れて唐の舞楽がありますが、もともと西域地方から生まれて中国へ入ったもので、異国的なうえ、鑑賞者も上層のごく一部の人に限られていました。ところが能はちがいます。鎌倉時代に公家・武士・庶民にひろく愛好された田楽と、猿楽の二つが母胎になっていて、きわめて大衆的なものであったところが特徴です。

田楽も猿楽も、ともに社寺の芸能に奉仕して発達してきたもので、つまり「祭り」の芸能です。猿楽師は興福寺の大和猿楽の四座（のちの金春《こんぱる》・宝生《ほうしよう》・観世《かんぜ》・金剛《こんごう》）と日吉神社の近江猿楽三座に所属していました。足利三代将軍義満は観阿弥《かんあみ》・世阿弥《ぜあみ》父子を寵愛して猿楽の能をひろめましたが、世阿弥は義満の期待に応えて、父から受けついだ大和猿楽の物まねと近江猿楽の幽玄を取り入れて、能を大成させたのです。

そして今日から見ても、能とその滑稽な喜劇版である狂言は、当時の日本人の各階層の人たちの心理や行動をたいへん忠実に写し出しています。なかでも精神医学や心理学の眼から見て、とりわけ興味のあるのは、「狂乱物」と呼ばれる一連の作品で、『丹後物狂《ぶつきよう》』『柏崎』『桜川』『隅田川』『花筐《はながたみ》』などという一連の作品の共通点は、要するに精神の障害（狂乱）におちいった主人公が、その心の病気をいかに生きぬいて回復し、または救われたか——という「癒しの物語」であることです。

## 現代にも通じる「癒し」の原則

井阿弥《いあみ》の作と伝えられる『丹後物狂』は、近年、浅見真州さんが復曲上演して話題になりましたが、現代にも通じる教育問題を扱っています。

丹後（兵庫県北部）の小領主であった父親は、大事な一人息子を山寺に入れて学問をさせます（当時はそれが武士のならわしで、上杉謙信だって、武田信玄だって、そうやって教育されています）。たまたま寺の近くを通りかかった機会に息子を呼び出して、勉強の具合を問いただします。息子は、「仏教の内典はほとんど読みましたが、外典（ヒンズー哲学など仏典でない文献）の『倶舎論《くしやろん》』などはまだ読んでいません」と答えます。これはむしろ秀才の若者の衒学《げんがく》的な答えなのですが、読んでないと聞いた父親は、訳もわからずに機嫌を悪くします。ところが息子につけてやっていた下人（召使）が弁護のつもりで「簓八《ささらやつ》撥《ばち》なんかもお上手なんで」と口を出します。これはまあ、「エレキ・ギターなんかもおできになる」と言ったようなもので、父親は逆上し、「出て行け」と怒鳴り、息子はショックを受けて身投げします。

自分の軽率な一言から息子に自殺されてしまった父母は「物狂い（精神障害者）」になり、流浪の旅に出ます。ところが旅先で尊い導師の説教があると聞いてそれを聞きにいきます。「狂人など入場させられない」と門番は差別的なことを言うのですが、「物狂いも思う筋目と言うことがある」と押し返して、強いて聴聞するのですが、途中で物に憑かれたように「阿弥陀なまいだなまいだぶ」と念仏踊をはじめ、騒ぎになります。

ところがこの説教師は実は救われて成人した息子で、それに気づいて二人は回復して故郷に帰るという話です。この父親の人間像は、まさに息子を不登校や鬱病にしてしまう現代の「教育パパ」そのものです。

『隅田川』はよく知られている通り、京都の貴族吉田の少将の息子梅若丸の物語です。息子を人買い（人身売買業者）に誘拐されて、精神障害を起こした母親は狂女になって後を追って東国に下り隅田川まできます。しかし、渡し舟の船頭は狂人なんて渡さないと言い、彼女が懇願するので、「さらば面白う狂って御覧候へ」と言い、母親はやはり憑依状態《ものつき》になって「踊り狂い」ます。

対岸に渡ってみるとそこに土を盛って作った塚があり、梅若丸はここで死んで埋められたと聞かされます。塚に突っぷして泣きくずれる彼女の前に梅若丸は幻覚（演出によって幻影の場合と幻声の場合があります）として姿をあらわし、母親は幻覚の形での息子との再会を果たすのです。

つまり、能の狂乱物は、昔から日本人がもっていた心の病についての考え方を、古典の知識と、室町時代の現実に沿ってみごとに表現しています。それは、

①何らかの心の傷（トラウマ）によって精神の障害を起こした者は、故郷を離れて流浪する（『柏崎』も『花筐』も同じです）。
②「物狂い」の症状は人前で物に憑かれたようになって「踊り狂う」ことである。これはたぶん、卑弥呼以来の巫女（シャーマン）に神や霊が乗り移って、人と神との仲立ちをする――という考え方によるものでしょう。
③ですから、傍の人々も、一応迷惑には思いながら結局「物狂いも思う筋目」と言って、その言い分を通してくれます。「物狂い」はそれだから、かえって放浪の小宗教家や芸能人として「旅に生きる」ことができたのです。
④そして、その「物狂い」を生き抜くことで、どんな形でかの癒しと救いがもたらされます。

室町時代の苛酷な世相のなかで、人々はシテ（主役）の狂女とともに「物狂い」を生き抜く疑似体験のなかで、人生のストレスから解放されたのでしょう。それは現代にも通じるセラピー（癒し）の原則なのです。

# 下剋上の時代と「わわしい女」たち

## 「下、上に剋つ」風潮のなかで

今でも古くからの京都人、とりわけ貴族出身の人たちが「この前の戦争でうちの財宝はほとんど焼けてしまいまして」と言えば、それは応仁《おうにん》の乱のことを言うのだという笑い話があります。「最近の戦争」と言えば幕末の蛤御門《はまぐりごもん》の戦（一八六四年）のことで、そのときも市街のかなりの部分が消失したのですが、応仁の乱のときには、

汝《なれ》や知る都は野辺の夕雲雀《ひばり》
　揚がるを見ても落つる涙は

という飯尾六右衛門の歌にあるように、焼野原になってしまいました。

一四六七年、二十五万以上の軍勢が全国から京都に集まり、二手に分れて衝突をはじめました。この戦乱は十一年もつづき、やがて乱は地方に波及し「下、上に剋《か》つ」という下剋上の風潮が生まれ、世は戦国時代へと突入したのでした。

この戦争の原因を作ったのは室町幕府八代将軍・足利義政とその正妻・日野富子です。結婚後数年経っても富子は後継ぎを生まなかったので、義政は弟の義視《よしみ》を将軍に選定しました。ところが結婚後十年もして富子が男子を出産しました。すでに次期将軍は義視と決まっていたのに、富子はどうしても息子の義尚を将軍職につけようと、幕府の実力者、山名持豊に接近しました。母のわが子への盲愛です。

これに対して義視も、もう一人の実力者である元管領《かんれい》・細川勝元に助力を求め、諸国の守護大名もいずれかとよしみを結ぶようになり、両者の武力衝突が大乱に発展します。ところが将軍義政は、両軍に何の和解策も示さず、物見遊山や美術品の蒐集に明け暮れていたといいます。貪欲な日野富子と八方美人で無能な義政の夫婦が国に大害をもたらしたのです。

こういうことは、NHKの大河ドラマの女流作家などが親フェミニズムの立場からいくら美化しても、弁護の余地はなさそうです。それは中世の話に限られません。今日でも「同族企業が同族企業でなくなるとき」の発端は、経営者である当主の妻がたいていはドラ息子である実子可愛さに、同族の排除にかかり、それを野心家に乗ぜられるという成り行きが、いわば「定番」です。

こうして内戦のなかから、土一揆、国人一揆など農民や土着武士による反乱が次々と起き、社会のなかで上下関係の逆転が起きますが、そのなかで「地方と庶民が〝元気印〟であった時代の文化」が生まれるのです。能楽のあいまに演じられ、こっけいと風刺を主にした舞台芸術である狂言にはその特徴がはっきり出ています。

なかでも特徴的なのは、女性と召使（太郎冠者）の「元気印」ぶりです。すでに能のなかでも『牢太鼓』のなかにはその特徴がはっきりあらわれています。

「このあたりの大名」――室町時代では小領主です――の従者が咎められて逃亡し、大名は従者の妻を人質として牢獄に入れますが、妻は獄中生活のなかで次第に「狂気仕《つかまつ》って きて」、つまり今日で言う拘禁《こうきん》精神病になって、歌ったり踊ったりし、ついには牢番の太鼓を乗っとって夜昼なく打ち鳴らすのです。牢番と主人は神経衰弱におちいり、牢を出ろと言うのですが、今度は彼女が「この牢出ずることあらじ、あら面白やこの牢」と太鼓を打ちつづけるので、ついに主人も降参して夫を許してやるという話です。

この場合、従者の妻の病気になり具合も、その形も、今日でもよく拘置所の未決監収容者に見られる「拘禁反応」そのものです。大名の方もそれで当惑してしまって、決して中近世のヨーロッパでのように、精神障害におちいった女を魔女だと言って迫害したりしません。
下剋上と内乱の血なまぐさい時代だというのに、能・狂言に出てくる大名にも、その他の人々にも奇妙な人のよさと優しさがあるのはどういうわけでしょう。

## 狂言にみる女性の「元気印」と人々の優しさ

狂言の『武悪』では、主君の機嫌を損じて逃亡した家来の武悪という者を討ってこいと命じられた太郎冠者は、同僚のために一計を案じて、武悪に自分自身の幽霊を演じさせて主人を脅し、赦免の約束をとり付けさせます。

『牢太鼓』に出てくるような女性の元気印ぶりは、狂言の『伯母酒』や『鎌腹』ではなおのこと明瞭にあらわれます。『鎌腹』では、じぶんの女房があまり「わわしい」（強気で口うるさい）ので鎌で切腹して自殺すると言い出した男が、逆に女房にさんざん脅《おど》されるという恐妻物語です。

貴族出身の日野富子もこういう「わわしい女」に属しますが、やはり支配者の妻ともなれば、自分の欲望に忠実なだけでは公害です。支配者にはそれ相応のノーブレス・オブリージュ（貴族の義務）みたいなものが必要なことは、今日の二世政治家や経営者の家族にも知っておいてほしいものです。

一方、富子のライバルで義政の少年時代からの愛人であった今参《いままいり》の局《つぼね》は、富子との三角関係に負けて追いつめられ、女の身でありながら何と切腹して死ぬという「勇壮ぶり」を示しています。

そんなすさまじい世の中で、わわしい女や「物狂《ぶっきょう》な」、つまり当時の用語で、頭のおかしい男たちが活躍する時代なのに、狂言のなかに出てくる室町時代の人々は奇妙に優しいし、特に狂気乱心のような障害者に優しいのです。

『枕物狂』はそういう狂言のひとつです。男やもめの老人のところに、甥たちが訪ねてきます。老人は笹に枕をぶら下げたものを持ち、奇妙な格好で登場します。若者たちは老人を「伯父御には恋をなされたそうな」とからかい、老人は、「物狂や物狂や、およそ恋などということは、十や二十歳のころにこそあれ」と照れるのですが、実は老人の格好は狂気におちいった者の定番です。

能では「狂乱」といったのが狂言では「物狂」になり、社会的にみておかしい行動をたしなめるのに使われます。

老人が涙ながらに打ちあけたところによると、年甲斐もなく乙御前という若い女性が好きになってしまって、頭が変になってしまったというのです。つまり「恋慕の狂乱」におちいったのです。甥たちはひとしきり老人をなぶるのですが、実は若者たちは、うちかけに顔をかくした乙御前（お多福みたいな面をつけているのが、ご愛嬌なのですが）を連れてきており、老いらくの恋は酬《むく》われます。

動乱と飢餓や疫病のつづく「下剋上」の時代と伝えられる室町の若者たちが、老いて一時的にとはいえ精神障害におちいったこの老人に示す優しさは私たちを笑わせ、驚かせ、そしてちょっと感動させます。

五〇年以上も平和のつづく、一応は豊かで「心の時代」と呼ばれ「人権」が声高に叫ばれる今日の日本で、女子中学生二人が老人を殴ったり蹴ったりして殺したり、十九歳の少年が近所の九十四歳のお年寄りを殺し、強奪した預金通帳を現金化しながら、逮捕されても「通帳は拾ったのだ」とうそぶくといった、「少年法に守られた〝お少年さま〟」とでも言えるような少年たちの行状を見ていると、私たちは首をかしげるほかはありません。もちろん「平和」や「人権」は大事なものですが、人間が人間らしくあるためには、そのほかにもっと大事なものがあると私たちは考えさせられます。

室町時代はあの「一休さん」や蓮如《れんによ》上人が生きていた時代です。禅宗、日蓮宗、浄土真宗といった民衆仏教が庶民の間に浸み通っていった時代でもあったことを忘れてはならないでしょう。そしてそれらはいずれも、道元、日蓮、親鸞の時代から遠くなく、人間の生き方を真剣に考え見つめる倫理的な宗教だったのです。

# Ⅳ　中世——群雄割拠と一族相剋の時代

# 戦国群雄と一族相剋の心理

## 一族の最強の者がリーダーになった

百年ほどつづいた戦国時代の幕開けは一四六七年の応仁の乱でした。そのときのリーダーは細川氏と山名氏でしたが、乱が終ってみれば両氏はかつての部下に地位を追われて没落し、戦国大名が割拠する時代になっていました。それぞれが勝ったり負けたりして戦乱の世が永くつづくことになりました。

食うか食われるか、お互いに一瞬の油断もできない状況がそこにはあったのです。そのなかで、人間性の偉大さも悲惨さも、むき出しの形であからさまになりました。裏切り、親殺し、子殺し、兄弟の殺し合い、主人殺し、といった行為が日常的におこなわれ、またそうしないと生きのびられない時代でした。

戦国時代は織田信長、豊臣秀吉、上杉謙信、武田信玄、徳川家康、伊達政宗、毛利元就《もとなり》のような英雄たちを生み出しましたが、一方、斎藤道三《どうさん》、松永久秀のような怪物のような

「梟雄《きょうゆう》たち」も生み出しています。そして前述の英雄たちだって、その行動の「かたち」は、平時ならとても考えられないような人間の「ほんね」をむき出しにしたようなものが少なくありません。またそうでなければ、お上品で、優柔不断なことをやっていればたちまち滅ぼされてしまいます。

そうやって、人間性の崇高な部分もみにくい部分もむき出しにして生きていた英雄たちの姿は、魅力的でさえあります。しかし、そこでむき出しにされた人間性は、ときにおぞましく、私たちを身震いさせるようなものでもあります。

なにより戦国時代は一族のなかでの殺し合いが実に多い時代でした。もちろん、常に敵に囲まれている時代では、リーダーの決断力と行動力が一族全体の運命を左右します。最近の社会生物学の考え方によると、そういうときに、そういう指導者が選ばれるのは、群の遺伝子（DNA）集団の意志なのでしょう。

平和な時代には一族の内紛を避けるために、徳川幕府が採用したように「何がなんでも長男が相続する」という原則を守り抜くのが賢い方法かも知れません。八代将軍吉宗の場合、悩み抜いた末に文武の道に優れていて、見識も高く、すぐれた歌集を残している二男の田安宗武《たやすむねたけ》ではなく、重症心身障害者（脳性小児麻痺であろうと推定されます）の長男家《いえ》重《しげ》を九代将軍として徳川家を相続させています。

戦国時代では、一族のなかで最強の者がリーダーになるのでなければ一族の共倒れはまぬかれません。しかし、誰にだって自尊心ないし自惚《うぬぼ》れはありますから、自分が最強の者であると証明したいでしょう。

従って、戦国大名家の歴史は親や兄弟の間の争いに満ちています。織田信長は弟の信行を殺しています。伊達政宗も、上杉謙信も、やはり同様のことをしなければなりませんでした。武田信玄は父親を追放しています。これらの事件では、親―子、兄―弟の争いが複雑に絡み合っています。

伊達政宗の場合、母親で隣国の領主最上《もがみ》義守の娘であった義姫は弟の小次郎を愛して、彼を当主にして、政宗を始末しようとします。政宗は先手を打って弟を殺害します。しかしその後、逃走した母親を呼び返して扶養しています。愛されたくても愛されなかった息子の屈折した心情がそこにはありそうな気がします。政宗の父親の輝宗は政宗を愛していたようですが、妻との間の板挟みになって優柔不断のところがあったようです。

輝宗は、戦勝ののち敵との和議の席上、拉致《らち》されて人質になります。政宗はこれを追撃し、鉄砲の一斉射撃を命じて敵もろとも父親を射殺しています。このとき輝宗はすでに自殺していて、死体になっていることを確認したからであるとも言われていますが、真相はわかりません。一門が生き残るためには父が子を、子が父を犠牲にすることも止むを得ないというのが戦国の気風だったのです。

## 照らし出された心の闇

戦国時代は人間の心の奥底にある暗闇が照らし出される舞台であるとも言えます。現代社会の日常のなかでこの心の奥底を探るのが精神分析学ですが、精神分析の立場から言えば、男の子の父親に対する憎しみが心の奥底に押しこめられてしこりになったものをエディプス・コンプレックス、女の子の母親に対する憎しみが抑圧されたものをエレクトラ・コンプレックスと言います。

男の子は幼児期に母親に対する強い気持からライバルになる父親を憎むのですが、父親による処罰を恐れてこれを抑圧します。そのうえで「父親にかわって母親を独占することができないが、将来〝父親のようなものになって〟母親のような女性と結ばれよう」と、(無意識に)考え、父親との同一化がはじまり、父親の価値観、性格、信仰などを身につけるというのです。

親の愛に対する競争者である兄弟姉妹に対する憎しみのことを、旧約聖書に出てくる兄弟殺害の話にちなんでカイン・コンプレックスと言います。

こういうコンプレックスはふだんは心の奥底にかくれていて行動に移されることは少ないのですが、戦国時代の武将たちや現代の非行少年のように、何をやっても処罰されない、処罰が軽い状況では、社会の表面に浮き上ってきます。

美濃を領有することになった斎藤道三は油商人から大名にのし上ったと伝えられています。彼は司馬遼太郎氏の歴史小説『国盗り物語』の主人公ですが、なにしろ自分の仕えた主人を次々におとしいれたり、殺害したりし、その女性も領地も奪ってしまうというやりたい放題ぶりでのし上った、いわば「梟雄」です。

彼の自己中心ぶりはしかし、彼の親子関係によって報復されます。道三は長男の義龍《よしたつ》（一五二七―一五六一年。彼は実子ではなく、道三がその妻を奪った主君の子だとも言われています）を軽蔑し、嫌っています。道三は義龍の弟たちに領土を譲りわたして義龍を廃嫡《はいちゃく》しようとします。義龍はそのことを察して病気と称して弟二人をよびよせて殺し、根城の稲葉山城を占拠します。道三は怒って兵を率いて押しかけ義龍と戦争になるのですが、敗れて戦死し、美濃一国は結局、親子の内紛に乗じて攻めこんだ、娘婿でもある織田信長の手に落ちてしまいます。

これら戦国のすさまじい本音ひとすじで、自己中心的な梟雄たちの行動が反面教師になったのでしょう。戦国末期に中国地方で勃興してきた「遅れて来た戦国大名」である毛利元就（一四九七―一五七一年）は、有名な「三本の矢」の故事をひいて、いずれも有能で野心的な三人の息子と孫たちに、一人一人孤立して戦ったのでは各個撃破されてしまうぞと結束を求めます。

毛利一族はその後も、比較的内紛の少ない結束のとれた家風を幕末まで保ち、徳川家の圧迫に耐えて明治維新の原動力になるまでサバイバルをはたすのです。

# 織田信長の魅力と恐怖

## 果断さ、独創性、先見性の魅力

日本史を通じて、心理学や精神医学の眼から見た人物研究（これを病跡学《びょうせき》と言いますが）の立場から見て、いちばん興味のある人物が多かった時代、つまりは「役者が揃っていた」時代は、なんと言っても戦国時代から安土桃山時代でしょう。それも織田信長（一五三四―一五八二年）、豊臣秀吉（一五三六―一五九八年）、徳川家康（一五四二―一六一六年）の三人が揃っていた時代は壮観です。この三人の性格の対比は昔から興味の的だったようです。古い川柳で、

啼かぬなら殺してしまへほととぎす
啼かぬなら啼かしてみせうほととぎす
啼かぬなら啼くまで待たうほととぎす

というのがそれぞれ信長・秀吉・家康のことであるとは、誰でもすぐ思い当ることでしょ

う。

今日、政治家や財界人の間では、信長人気が高いようです。はたから見たら秀吉型の性格で、人生の歩みもそれに似ていた故田中角栄・元首相も信長びいきであったと伝えられますし、細川護熙・元首相も政治のスタイルとしては信長にあこがれていたようです。

そういう人たちにとって信長のどこが魅力かといえば、まず桶狭間《おけはざま》の戦で見られたような果断さ、いち早く鉄砲の大量使用にふみ切り、しかも独創的戦術で武田騎馬軍団を打ち破った先見性にあるでしょう。

そしてなによりも、中世以来の商習慣を打ち破って近世の封建制をとびこして、むしろ近代的な流通経済の先鞭をつけた楽市楽座《らくいちらくざ》の試みに見られる進歩性があります。楽市楽座というのは要するに、規制緩和による経済の活性化をはかったということなのです。

信長は武田信玄や上杉謙信のように一目おいている相手を尊重してこちらから手を出さず、面子にとらわれた無謀な戦争はしていません。つまり「負ける戦には手を出さなかった」実利性があります。

さらには伝統的な仏教などの宗教的権威や迷信を全く受けつけず、むしろフロイスのようなキリスト教宣教師に接近しながら、キリスト教にもかぶれることなく、海外に目をむけていた国際性などが挙げられるでしょう。

いったん信長熱にとり憑かれてしまえば、比叡山の焼き打ちと僧徒の虐殺、長島の一向一揆（浄土真宗信者の農民たちの反乱）鎮圧後の一向宗信者である農民たちの大虐殺までが、中世的な権威や既得権益を顧慮しなかった痛快な生き方に見えてくるらしいのです。

バブル崩壊後、リストラということで、従業員の整理をおこなわなければならない雇い主の立場から見れば、用ずみとなれば、父親の代から仕えていた林佐渡や佐久間信盛のような功臣でもさっさと切り捨てて、実力本位の抜擢《ばってき》人事がどんどんできた信長流の人遣いは羨《うらや》ましいと思えるかも知れません。ただ、そういう経営者は、信長が本能寺の変であっさり殺されてしまったことを忘れています。

こういう上司に使われていたのでは、部下は一日も「安き心」はなく、いずれ神経的に崩壊して、今風にいえば「プッツン」した者が明智光秀のようになるということは実は当時から予想されていて、安国寺恵瓊《あんこくじえけい》という政僧は、「信長はいずれ高ころびに転ぶ」（つまり、内部崩壊してしまう）だろうと事前に予想していました。「信長のようになりたい人」は多くても、「信長気取り」の政治家や経営者がふえるのでは国民や従業員はいい迷惑かも知れません。

## 異様な執拗さは人格障害だった？

戦国末期という状況を考えても、織田信長は少年時代からかなり異様な人物であると同時代の人から考えられていたようです。そのことは、彼の養育係であった平手《ひらて》政秀が彼の素行を諫《いさ》めるために切腹した事件や、父親の死後、重臣たちが異母弟の勘十郎信行をかついでクーデターを起こそうとしたことでもわかるように、周囲からもてあまされていたようにも見えます。

信長は乳母たちに育てられるのですが、疳性《かんしょう》で（癇癪《かんしゃく》もちの子どもで）乳母の乳首を噛み切るので、四人も乳母がかわったと伝えられています。少年時代も異様な服装をして、他人の見る目などには一向にかまわなかったようです。父親の葬式にも異様な風体をして現われ、香《こう》を手づかみにして父親の位牌に投げつけたとか、奇行がさまざまに伝えられています。

信長の少年時代の奇行や、その後の武将としての残酷で苛烈すぎる行動は、敵をあざむくため、新しい時代を切りひらくため、とかさまざまに美化して伝えられますが、なかにはとてもそれでは説明できない挿話も伝えられています。

竹生島《ちくぶじま》（琵琶湖に浮かぶ小島）の参詣に出かけた信長が城に帰ってみると、自分を出迎えるはずの女房（侍女）たちの姿が見えません。彼女たちは信長の留守を幸いに、桑実寺という近くの寺院に参詣に出かけていたのですが、信長の帰りが予想より早かったために、出迎えに間に合うように城に帰れなかったのです。信長はそのことに腹を立て、自分にことわりなしに物見遊山に出かけた罰として女房たち全員を処刑し、命乞いにきた桑実寺の僧侶まで死刑にしています。ひとたび爆発するととめどがなくなるのが信長の特徴でした。

また、何十年も前の相続争いで異母弟に加担した武将の佐久間信盛に、後年になってそのときの恨みを突然思い出したかのように、過去からの些細な過失までを一々列挙した「折檻《せっかん》状」を送りつけて、それを咎め立てて、父子とも追放し最後には餓死に追いこんでいます。

このやり方は相手をかまわなかったようで、自分で守り立てて入洛（京都入り）させ、二条城に入れた将軍足利義昭とも一度不仲になると、それまでの不満を爆発させ、相手がけちであるといったさまざまの些細な点まで列挙した書簡を送って咎めています。つまり異様に執拗《しつよう》で、執念深くて、怒りや恨みがいったんこびりついたら消えないというのも彼の体質でした。

このように、一方で粘り強く執拗で、他方、爆発するときりがないという性格は、ドイツの精神医学者E・クレッチマーのいう粘着気質に当てはまるでしょう。それが信長のように極端になれば、類癲癇《るいてんかん》病質といって人格障害のひとつの形だと言えるかも知れません。

一方、彼の理づめ、冷徹、本質的には孤独で誰にも心を許さないという性格は、分裂気質というのに当てはまるでしょう。宮本忠雄・自治医大名誉教授や内山喜久雄・筑波大名誉教授はそれぞれ日本を代表する精神医学者、心理学者ですが、口を揃えて、信長を分裂病質と類癲癇病質の混合型と判定しています。

細長型（痩せ型）の人には分裂気質が、闘士型（筋肉質の人）には粘着気質が多いとされているのですが、伝わっている肖像でも、宣教師による人物描写でも、筋肉質で痩せ型という両方の混合型である信長は、これとピタリ一致します。もっとも、あのユリウス・カエサルも癲癇発作があったと伝えられます。

動乱期には、「変わった人たち」であるリーダーが運命に選び出されるように社会の表面に躍《おど》り出します。しかしその体質にひきずられるように、魔王のような（信長は「第六天の魔王」と呼ばれていました）活躍をとげたあと破滅の道を歩みます。信長もその例にもれませんでした。その信長に足りなかったもの、それはやはり他者に対する共感性と「自己反省」だったのでしょう。

## 明智光秀と「本能寺の変」の心理ドラマ

### 独裁者失脚への道筋──「帝王の狂気」と「自己神格化」

あれほどの才能と気力をそなえた魅力的な人物である織田信長も「天下布武（武力による国家統一）」というその雄図を実現する直前に、「本能寺の変」（一五八二年）で最期をとげました。信長がそうして人生の道半ばで倒れたことも「信長ファン」にはたまらない魅力なのでしょう。しかし、信長がもう少し生きていて、権力が肥大したなら、その性格の異常性が及ぼす影響も大きくなって、日本全体の恐怖と憎悪の対象になっていたかも知れません。

一般に権力者は、権力が大きくなり独裁的になるとともに、客観的に事態を見る目が曇ってきて、行動に押えが利《き》かなくなり「暴君化」するという傾向は古今東西を問わずに認められるようです。

代表的な「暴君」として知られている「狂った帝王」は、たいていはじめから愚かであったわけではありません。中国の暴君として知られる夏《か》の桀王、殷《いん》の紂王といった連中でも、古代ローマの暴君ネロやカリギュラでも、さらに現代ではドイツ第三帝国の独裁者アドルフ・ヒトラーでも、旧ソ連の独裁者ヨシフ・スターリンでも、決して若いときから暗愚であったわけではないのです。むしろ権力が一手に集中し、側近も、人民も、彼らを畏怖《いふ》するために、おべっかを使ったり、都合のわるい、本人が聞きたがらない情報や意見は耳に入れなくなるために、行動や決定に修正がきかなくなる、ということもあるでしょう。

　これは個人レベルでは「感覚遮断」（センソリー・デプリベーション）という実験が示すところに似ています。被験者の目に黒いゴーグルをかけさせ、耳に耳栓をして、一室に閉じこめる。あるいは暗い防音室の水槽に足先が底につかないようにして体温と同じ温度のぬるま湯に漬けておく――という実験をすれば、正常人でも、数十分で幻覚が出現します。

　つまり、人間は情報環境から遮断されれば「狂って」しまうのです。全勢力範囲から上ってくる情報の洪水のなかに浸っているようでも、一般に独裁者は、「都合の悪い情報」から遮断されるために「帝王の狂気」におちいるようです。

　そのうえ、一般人なら単に頭のなかで消えてしまうような情念や観念でも、それが歯止めをかけられないで実現してしまうために、自我の肥大がとめどもなくなります。さらに、実際に成功がつづいたり、周囲から畏怖され、追従されたりすれば誇大観念が生じます。感覚遮断は神秘体験に至る修行の手段として用いられ、時々は、病的な偽の神秘体験の糸口となります。これらが結び合わされれば、自分を神のようなものと考えてしまう「自己神格化」が起きるのです。

これは別に帝王でなくても、独裁的な会社の経営者にもその失脚の筋道のひとつとしてよくあることです。

信長は冷徹で神も仏も信じない、迷信的でない人物として知られていました。比叡山の焼討ち（一五七一年）や長島一向一揆鎮圧の際の大量虐殺も、「中世の宗教的権威を一顧《いっこ》だにしなかった、新しい合理的な考え方にもとづいていた」と美化する人が今日でもいるくらいです。晩年の信長はそのかわり、自分自身を神だと思いはじめていた形跡があります。

信長は、家臣や領民に「神仏など拝むのは無用、拝むなら信長を拝め」と申しつけ、祭礼の日に安土城を提灯で照明して、自分が城の玄関に立ってやってきた住民にお賽銭を上げさせ、それを自分でつかんで後に抛《な》げ、それが山のようになったという話があります。こんなことをする神様はいませんから、これは信長のシニカル（皮肉）な感覚を示すものかも知れないという解釈もあるでしょう。

しかし、今日伝わっている信長の居城安土城の設計図のひとつを見ると、宇宙を象徴する天守閣の吹抜け空間の真中に信長が宇宙の中心のように吊り下って鎮座している形になっているそうです。もっともこの設計図には異説もあります。当時でも、敵も味方も、邪魔になるものや気に障《さわ》った者は、容赦なく虐殺した信長は「第六天の魔王」と呼ばれていて、そう自認もしていたようです。

要するに他者を「拝む」気持がなくなり、自分だけが「拝まれる」存在になろうとしたとき、破局が訪れたのです。

## 耐え難かったインテリ光秀

信長さまの実力やいいところは認めるが、あれではたまらない、これから何をやらかすかわからない、どこかで歯止めをかけなければ——という声が出てくるのは当然で、みずから後援して京都に戻してやった足利十五代将軍義昭や、石山本願寺の顕如《けんにょ》、さらに群雄により信長包囲網が何度もできて、信長はそれをそのつど突破しています。

義昭を追放して室町幕府を消滅させ、武田信玄の後をついだ勝頼を滅ぼし、あとは中国の毛利輝元を討つだけとなり、全国の統一完成を目前にして、家臣の明智光秀の襲撃を受けて死んだのは皮肉です。信長を殺す動機があった人間はあまり多いので、今日、家康、秀吉、細川幽斎など、「信長殺しは光秀ではない」と、他の容疑者が（推理小説的に、ですが）次々と挙げられているくらいです。

明智光秀はもと、足利義昭に仕えていて、その後信長の家来になったのです。信長と京都の室町幕府や宮廷の間をつなぐ外交官としてだけではなくて、武将としても能力を発揮しました。

信長は彼の才幹を見こんで重く用いるのですが、いつのころからか彼を「叱られ役」にしてしまい、満座のなかで殴ったり、罵倒したり、最後には光秀が知行していた丹波一国を召し上げて、中国へ行って秀吉に協力せよ、毛利家の勢力範囲だった因幡《いなば》、伯耆《ほうき》（兵庫県西部と鳥取県）を切りとって領土にしろ、と命令したといいます。それで光秀は追いつめられて暴発したのだとか、光秀はやはり天下が欲しかったのだ、信長がほんの少数の手勢だけつれて本能寺に宿泊している一瞬の空白を狙ったのだとか、さまざまの解釈があるくらいです。

光秀は謀叛人《むほんにん》のように言われていますが、領主としても、一家の主人としても思いやりがあって領民からは永く慕われています。今日、金沢武家屋敷の野村記念館には、信長に滅ぼされた福井の国主朝倉義景と明智光秀が家臣に与えた武功感状（表彰状）が並んで展示されています。義景のものは通りいっぺんのものですが、光秀のものは「このたびの戦闘では奮戦で御苦労であった。負傷したと聞いて見舞いに行きたかったが、当方もてんやわんやで行けなかった。何しろ養生専一にしてもらいたい」というものです。

これが戦国武将の部下に与えた感状なのであり、この感覚では長く信長と折り合っていけるはずがないと誰でも思うでしょう。光秀はまた「武士の嘘を武略というのだ、百姓は気の毒ですね」と漏らしたとも伝えられます。つまり少し皮肉な自意識と自己反省があったのです。要するに良識的なインテリだったのです。

信長は知性的な人ですが、そのなかの野性が、分別くさい、インテリの光秀に向かって、「このきんか頭」と吠えかかる。光秀は信長に感謝していてもその野蛮、残酷、粗野な一面が耐えがたい。光秀は、今日、思い悩んだ末、裏帳簿を抱えて、地検特捜部の門をくぐるホイッスル・ブロワー（内部告発者）としての大企業の総務課長のようなことをやってのけたのかも知れません。

## 豊臣家滅亡の精神医学

### 秀吉の人格変化は脳血管障害による？

まるでバトルロワイアルのような戦国武将たちの争いのなかで勝ち残った豊臣秀吉と徳川家康の両雄のうち、最後に覇権《はけん》を握ったのは徳川家康でした。最初に天下奪《と》りをはたした豊臣家は結局、リーダーシップを保ちつづけることができませんでした。関ヶ原の戦（一六〇〇年）から大坂夏の陣（一六一五年）にいたる「豊臣家滅亡」の過程を今日「心の眼」で眺めて見ると、それは大変「精神医学的なドラマ」であることがわかります。

豊臣秀吉の前身、上昇期の木下藤吉郎の魅力は当時の日本の誰もが認めていたところです。もともとは足軽で、若いころから信長に仕え、次々と功をたてていった秀吉は、気転がきく一方、機略縦横、気宇壮大——という側面があり、頭脳の回転が抜群に早く、決断が速かである。信長が討たれたと知ると直ちに毛利と和議を結び京都にとってかえしました。

俗に「明智の三日天下」と言いますが、実際、数日間のうちに秀吉は光秀を討ったようです。「主君の敵を討った」後の秀吉は信長の後継者として、次々に各地の武将を降し、天下統一をなしとげます。

秀吉の最大の美点はその「人間好き」な点です。「人たらしの名人」と言われるだけあって、多くの人材を集め、のびのびと活躍させました。相談相手がいなかった孤独な帝王信長とちがって、軍師竹中半兵衛重治・黒田官兵衛孝高といったブレインを集め、謙虚にその知恵を借りることも知っていました。何よりも、殺戮《さつりく》をこととした信長が反面教師になったのか秀吉は人を殺すことが嫌いでした。

秀吉は体格も小さかったし、信長や家康のような個人的武勇は伝えられていません。彼の戦術の特色は、①賤ヶ岳《しずがたけ》の戦や山崎合戦の場合に見られるような、迅速な兵力の集中と移動で敵に態勢を整える余裕を与えない。②三木城・鳥取城・備中高松城の場合のように、包囲や水攻めで敵が飢えつかれて降伏するのを待つ、という方法でした。無益の流血と殺生を避けるというのが②の方法でしょう。餓死に瀕した城兵が降伏すると、秀吉軍は衰弱した胃腸が受けつけるようにまず重湯を与え、ついで薄い粥、濃い粥、最後に飯を与えるという方法で降伏した人たちを助けようとしたのです。

その秀吉が豊臣秀吉になり、関白になり、太政大臣になり、太閤（引退した関白をそう呼びます）になってから少しずつ変ってきました。勿論それは、権力者になったために真実が見えなくなるということもあるでしょう。しかし、それだけでしょうか。太閤さま、あの藤吉郎はどこにいったのですか、と言いたいくらいのさま変りが見られます。高齢の権力者がそうなるについては、脳血管障害による人格変化が原因であるというのが有力な考え方です。

朝鮮出兵（一五九二―一五九八年）の際、肥前名護屋に出陣していた秀吉のもとに母の大政所《おおまんどころ》が死去したという報せが届きました。そのとき、秀吉は一瞬意識を失い、失禁したが、やがて覚醒《かくせい》してハラハラと涙を流したと医師の曲直瀬道三《まなせどうさん》は記しています。

これは今日から見れば、ＴＩＡ（一過性脳虚血発作）と呼ばれる脳動脈硬化症で、脳梗塞までいかないものが起きていたことは疑いないようです。昭和一桁生まれの人は幼・少年期に栄養不良であったため血管が弱く、熟年期に脳・心臓の血管障害で仆《たお》れる人が多いと言われています。秀吉は青少年期に辛酸《しんさん》をなめ、成功してから豪奢《ごうしや》な生活をしています。そのためか五十歳代から変化が目立ったようです。

## 大坂落城を招いた淀君、秀頼のコンプレックス

脳血管障害型の人格変化は、考え方に柔軟性がなくなって自己中心的で頑固になり、情動失禁といって涙もろくなり、怒りの制御ができなくなる。さらに回りくどくなる。性欲の抑制ができなくなる、といった傾向があるとされています。

たしかに、あの秀吉が些細《ささい》なことから千利休に切腹を命じ後で後悔したようであったり、一度、後継者に指名した甥の豊臣秀次が実子の秀頼誕生とともに邪魔になり、対立を生じて切腹に追いこんだのはいいとして、その妻妾三十人以上を鴨川の河原で死罪にしたり、という一時の怒りに委せたような処刑がふえているのはそのせいではないでしょうか。

文禄・慶長の役（朝鮮出兵）の場合でも、朝鮮半島や中国大陸まで征服したいという極度の自我肥大傾向が、諫める者がいないまま実行されてしまったようです。

そのうえ、権力者には若い女性も意のままになりますが、性的な欲望は一時的に燃え上るのに性的な能力は低下しているので側近の若い女性に振り回されてしまう。それを利用して権力者に取り入ろうとする連中が出る、ということもよく見られます。晩年の毛沢東と江青や姚文元、張春橋ら四人幇（四人組）に起きたことは、「毛沢東症候群」と呼ぶこと

ができるでしょう。

これと同じことが秀吉と淀君の間にも起きたのではないでしょうか。淀君は信長の姪ですから主人筋に当ります。そして淀君が秀吉の側室となり、大坂城に入ると、淀君の母お市の方の夫、小谷城主・浅井長政のいた近江の出身者が秀吉の周囲に集り、「近江閥《ばつ》」とでも言うべきものを形成します。

近江出身者の代表が晩年の秀吉の官房長官格の石田三成です。石田三成は有能で冷徹で剃刀《かみそり》のようですが、藤吉郎時代からの秀吉子飼いである福島正則、加藤清正のような武闘派の武将たちと秀吉の間に障壁を作ってしまい、彼らは秀吉の糟糠《そうこう》の妻である北政所《きたのまんどころ》の周囲に集り、そこに徳川家康の工作の手が伸びるのです。側近の秘書役が権力者を「裸の王様」にしてしまう現象は「石田三成症候群」とでも言うべきものでしょう。

それやこれやで晩年の秀吉は、「太閤様の気紛《まぐ》れ」に閉口した人たちに「死を待たれる存在」になっていたのかも知れません。涙もろくなった秀吉は、幼い秀頼のことをよろしく頼むと、およそ信頼できなそうな家康や側近たちに頼んで死んでいきます。そして、彼の死後、実質上の豊臣家の支配者となった淀君は、まるで無意識の「破滅の意志」に引かれていくように次々に愚かな決定を重ねて、徳川家康の仕掛けた挑発の陥穽《かんせい》にみずから落ちこむように豊臣家滅亡に至るのです。

これは信長の姪としての高いプライドが妥協を許さなかったのだというふうに考えるだけでは説明できません。精神分析の立場から言えば、女の子は無意識にでも父親を愛します。これをエレクトラ・コンプレックスと言うのです。淀君の父親は浅井長政で、秀吉は、父親の長政と、その後柴田勝家に嫁いだ母親のお市の方の双方を滅ぼしています。淀君には豊臣家の女支配者としてのプライドのほかに、秀吉に対する無意識の敵意があって、それが葛藤した結果、中途半端で、自滅的な決定を次々に下すことになったのではないでしょうか。

大坂夏の陣の際、豊臣側には一度だけ勝機がありました。戦術の天才真田幸村《さなだゆきむら》が徳川方の前線を突破して家康を追いつめます。このとき、幸村の要請に応じて秀頼が予備軍を率いて前線に進出していたら状況が変った可能性はあったのです。城門まで出てきた秀頼を引きとめたのは淀君でした。最高司令官が母親に引きとめられるようでは全軍の敗北は必至です。

こう見てくると、大坂落城は秀吉の脳血管障害、淀君のエレクトラ・コンプレックス、秀頼のマザー・コンプレックスに彩られた精神医学的・心理学的なドラマなのです。

# 戦国武将の運命と食生活

## 指揮官の健康問題が歴史の成り行きを決めた？

織田信長、豊臣秀吉、徳川家康の三人の戦国の英雄のなかで最後にサバイバルを果したのは徳川家康でした。これは家康がいちばん後まで、生物学的に「生き残った」という単純な事実に関係しています。

家康はこの三人の間でいちばん若いというのが簡単な理由ですが、家康は晩年までも老化の傾向が少なく、健康でした。一六一五年、大坂夏の陣で豊臣家が滅亡してから間もなく家康は死んでいます。

豊臣家が家康の死後まで存続していたなら、淀君と家康の嗣子《しし》であった秀忠の正妻お江《ごう》は姉妹で、秀頼の正妻千姫は秀忠とお江の娘でもあり、秀忠の性格からしたら、淀君＝お江ラインの間で妥協が成立していたかも知れないし、戦争になっても、戦術の天才真田幸村は戦争がはなはだ不得手な秀忠を振り回していたかも知れません。

現実には秀吉は脳血管障害による老化が早かったのに、家康は老化が遅かったのです。秀吉の場合は若いとき辛酸を嘗《な》め、中年以後贅沢な生活をするという、いかにも動脈硬化を起こしそうな生活パターンになっています。

彼は当時珍らしかった白砂糖が好きで、ずいぶん食べたりしているようです。信長も、秀吉も家康も、鷹狩りは好きでしたし、宴席では鶴、鶉《うずら》、鴨、雲雀《ひばり》、猪、鹿、ときには鯨にいたるまであらゆる肉が出ています。しかし家康は肉食は鷹狩り中心だったのに比べ、秀吉は鷹狩りの頻度はあとの二人より小さいのに肉食は高頻度にしていたようです。

信長は癇癪もちでしたが、塩辛いものが好きだったようで、額に癇癪すじを立てた高血圧傾向の人ではなかったかと想定されます。信長が上洛したとき、料理人として三好長慶の包丁人で鶴や鯉料理の名人として知られる坪内某が推薦され、信長のテストを受けさせられました。信長はこれを食べてこんなまずいものを出しやがってと腹を立て、料理人を殺してしまえと例によって怒り出します。料理人は再挑戦を申し出て今度は合格して召し抱えられています。そのわけを聞かれて料理人は「なにわけはないさ、はじめ信長さまを買いかぶって京風の料理を出したのがいけなかった。何でも塩辛くしてやればいいだけのことさ」と言ったといいます。

こんな調子では、明智光秀に殺されなくてもそんなに長生きはできなかったかも知れません。もっとも「本能寺の変」そのものが信長の性格的な問題点がひき起こしたものであると言えるかも知れないのです。

その信長が畏怖の目で見ていたのが上杉謙信（一五三〇―一五七八年）、武田信玄（一五二一―一五七三年）の二人でした。二人とも、京都をめざして進撃する途中で死んでいて、あまりタイミングがよすぎるので暗殺の疑いさえ残ります。

しかし伝えられるところが正しければ、信玄は肺結核か胃癌のような慢性病によって、謙信は脳出血の発作で死んでいます。謙信の筆蹟は、今日、春日山神社の宝物館に遺されていますが、それを見ると、三十歳代の終りから晩年にかけて、筆蹟が小さくなって線の震えが大きくなっていることがわかります。

謙信こと長尾景虎《かげとら》は、みずから毘沙門天《びしゃもんてん》の申し子をもって任じていて、性的には禁欲的な生活を送っていたようですが、大酒家でしたから、アルコール依存症と、それに関係した高血圧が筆蹟の変化の原因であることは疑いないようです。謙信は、梅干しをさかなにして大量の酒を飲む習慣があったようで、これでは高血圧を起こしてくれ、というようなものです。

食文化史研究家の永山久夫氏は、戦国武将の塩分摂取量は一日五〇グラムにも及んだと算出しています。鎧《よろい》をつけて戦場を疾駆し、大量の汗をかくような場合は身体がそれを要求します。彼らのなかでおそらく晩年運動量の最も少なかった秀吉が脳血管障害におちいったのもそのせいかも知れません。脳血管障害のなかでも脳出血は、秀吉の場合そうだったと想定される脳梗塞にくらべて、より塩分が多くよりコレステロール（脂肪分）の少ない食事に関係すると言われています。

肉食妻帯をせず梅干しで酒を呑んだ謙信の食生活はまさに、その典型でした。謙信は厠《かわや》で倒れ、意識を失い、大きないびきをかいて昏睡状態をつづけて死亡していますから、脳の大出血による死の経過とぴったり符合しています。

信玄も謙信も、信長―家康同盟軍と決戦をおこなう直前に死亡しています。正面衝突をした場合、信玄と謙信の軍隊の精強と二人の野戦指揮官としての指揮能力、軍学の知識は、少なくとも当時の信長―家康の二人のそれを上廻っていることはそれまでの実績が示しているように思われます。いったん野戦となったら、「川中島の合戦」のような手の混んだ戦争は当時謙信と信玄の二人にしかできなかったでしょう。

歴史に「もし」は禁物ですが、この場合、歴史の成り行きを決めたのは指揮官の健康問題だったのかも知れません。

## 家康と三河武士団の健康を支えた豆味噌

そうやって敵が病に倒れてくれた徳川家康とその率いる三河武士団の健康は、疎食《そし》と、豆豉《とうし》（豆味噌）の食生活に支えられていたように思われます。今日でも愛知、静岡西部、岐阜は、「味噌カツ」に代表される豆味噌文化圏で、これは、彼らに上質の大豆蛋白を供給しましたし、大豆が大量に含むレシチンやリノール酸は動脈硬化を防ぎます。家康は味噌がありさえすれば満足する味噌好きのうえに、粗食で麦飯と玄米食を通しました。さすがに晩年になって、近臣が白米を盛ってそのうえに麦飯を被《かぶ》せて出し、家康に見つかって「余計なことをするな」と大いに叱責されたという話があるくらいです。

家康は自分で薬研を挽いて薬を作るくらい医学通でしたから、麦飯と玄米食が健康にいい（ビタミン$B_1$類の不足を防ぎます）ことを何となく知っていたのかも知れません。家康は戦場で手柄を立てて戻った家来に褒美として、食べようとして手に持ったてんこ盛りの麦飯を与え、家来の一族は干からびたこの飯を幕末にいたるまで保存していました。

家康は倹約家だったかも知れませんが、「食物の味のわからない人」ではなかったようです。信長を饗応したとき「汁の二、三十も作らせよ」と命じ、侍臣の本多忠勝が「そんな勿体ない」と諫めると、「汁というものはね、出来不出来があるのだよ、二、三十も作れば二つ三つくらいは出来のいいのがあるものだ」と言ったという挿話があります。

そんな家康でも晩年には美食をしてみようという気になったらしいのです。静岡に隠居して「院政」を敷いていた家康の下に、堺の大町人茶屋四郎次郎が訪れてきたとき、家康は「近ごろ何か旨《うま》いものはないか」と訊ね、四郎次郎は、「最近、鯛をかやの実の油で揚げて、これににらの汁をしぼりかけたものが流行《はや》っています」と教えました。家康はこれを調理させてたらふく食べ、老人が急に脂《あぶら》濃いものを食べたせいか下痢がとまらなくなりました。それに手製の丸薬を呑んでなお悪化させ、素人療治はおやめなさいと諫めた侍医の片山宗哲を流罪にしています。

家康はまもなく死にますが、あんな物のわかった人がそんなことをするなんて、と誰でも思いますが、このときにはさすがの家康にも、加齢か脳血管障害による性格変化と判断力の低下が、ひそかに忍びよっていたのかも知れません。

# V　近世——鎖国下のパックス・トクガワーナ

# 徳川家康の「気配り政治」

## 世界一安全な国家を作った家康

ＮＨＫの「大河ドラマ」は徳川家をよく取り上げます。家光、吉宗といった「将軍さま」がよくドラマの主人公になるのは、徳川氏の政府が「征夷大将軍」を名乗っているのに実は絶対的に戦争が嫌いで、彼らの治下において日本人は、天草の乱という唯一の例外を除いて、対外戦争でも内戦でも非業《ひごう》に死なないですんだからではないでしょうか。

多くの「サムライ」たちは「ハラキリ」を強要されましたが、ひとたび「サムライ」であることを断念したなら、人々は歴史的にその前にも後にもないくらい「非業の死」をとげずにすんだのです。犯罪も時代劇映画の与える印象と異なり、圧倒的に少なかったようです。

では、これを一九九〇年代の日本に当てはめてみるとどうなるでしょう。加害者優先の「人権」を言い立てる連中の声に押され、心の病にふりまわされて他人を襲う人たちを事前に抑制できないので、加害者も被害者も不幸な結果になることが多いのです。

江戸時代、徳川幕閣の最高裁判所である評定所の判例は、「乱心（精神障害）」により人殺しをおこなったものは、「親類預け」や「寺預け」という極度に軽い刑を選んでいますが、預かった家族が本人を奉公に出し、奉公先で再発して放火をおこなったときは今度は預かり主を罰しています。つまり最も条理に叶った処分をしています。

厚生省は「精神障害者の自傷他害行為を防止する保護者の義務」を定めた精神保健福祉法の条文を削除する法改正をおこないました。その場合、市民の安全をどう守るか、さらに加害者が「自傷他害行為をおこなってしまった後の不幸」をどう防ぐか、ということについてさらに一考が必要ではないでしょうか。

ところで、「世界一安全な国家」を作り上げ、それが二五〇年も永続する土台を築いたのは徳川家康です。彼の性格はどうであり、それは支配者としての行動にどう影響したのでしょう。

社会経済生産性本部のメンタルヘルス研究所は、産業人のストレス対策と精神衛生のための事業を二〇年間にわたっておこなってきました。そのなかで、「心の健康診断」とでも言えるようなＪＭＩ（生産性本部産業人精神保健調査表）という心の健康テストを開発し、すでに一九〇万人もの被験者に検査をおこなってきました。この検査は、①身体尺度。②精神尺度。③性格尺度。④職場適応尺度、の四つの尺度からでき上っていて、これで診断した結果、被験者にアドバイスをおくり、本人からの求めに応じて電話相談やカウンセリングをおこなうというものです。

この検査の副産物として、①日本の企業では一般社員―係長―課長―専門部長―部長―所長と地位が上昇するにつれ、身心の健康度と性格面での「共感性」が高くなること。②精神尺度で、地位が上昇するにつれ得点が高くなるのは、㋐前鬱。㋑粘着。㋒発揚。㋓軽躁。㋔自己顕示、の項目であることがわかりました。つまり、「企業で昇進する人」は、「几帳面で律儀で仕事熱心な気配り人間」(前鬱性格)だが抑鬱度は低くて、調子は高い方(発揚)で、朗らかで、活動的(軽躁)。そして粘り強く(粘着)、派手で見栄坊のところがある(自己顕示)、ということがわかります。

この五つの尺度が、この一八年間で少しずつ低下している傾向があるのは、心配ですが、これらは「出世症候群」とでも呼ばれるものでしょう。

これらは、大企業の管理職程度の人についていうのであり、しかも平均値です。平均値として見れば、これは多分ⓐ前鬱・粘着とⓑ発揚・軽躁・自己顕示の二つの群に分けることができるのではないでしょうか。そしてⓐは徳川家康型で、現代の政治家では大平正芳、小渕恵三といった人はどちらかと言えばこれに当たるでしょう。ⓑは豊臣秀吉型で、現代に当てはめれば田中角栄、中曽根康弘といった人たちがこれでしょう。

## 気配りと「おそれを知る人」の英知

「人の一生は重荷を負うて遠き道を行くが如し」という家康の言葉は、実際彼がその通り言ったかどうかは別として、彼の生き方をよく表現しているのです。

家康は、粘着的で、感情が「内にこもる」人でしたし、神経質で細かい人であったということはいろいろな証拠からわかります。日光東照宮には彼が描いた「虎」という書が伝わっていますが、これが征夷大将軍の書いた「虎」かよ、と言いたいくらい、細長い、繊細な筆跡なのです。

彼には「爪噛み」の習癖があったと伝えられますし、戦争のとき、指の外側で馬の鞍をコツコツ叩く癖があり、三方ヶ原《みかたがはら》で武田信玄と戦って破れたときには、その指の関節のところの皮膚が破れて血が出ていたと伝えられます。倹約家だったということも知られていますし、今日で言う強迫神経症のような傾向があったのかも知れません。

それは幼時に母親と離れ、少年時代、今川家の人質として辛抱に辛抱を重ね、八方「気兼ね」しながら生育したということと関係しているでしょう。こういう人の感情はどうしても「内にこもる」のですが、それは「生き残って最後に勝つ。細かく気を配り、ミスをせず、相手の失点を待つ」という生き方を支えます。

彼は長男である信康を、織田信長の命令によって処刑せざるを得なくなります。そのとき、信長の命令を伝えた老臣が、それから何十年も経って息子を亡くし、その悲しみを語ったとき、家康は、「そうか、そちでも子は可愛いか」とぽつっと言い放ったといいます。〝こんな主君に仕えるのはなみたいていのことではないなぁ〟と思わせます。

家康は細心の心配りをして、日本が対外戦争に巻きこまれないように、さらに国内で内乱が起きないように最後まで努力を傾けました。当時のことですから、徳川家一門の内紛が起きるのが彼にとっては何より心配だったようです。

晩年には征夷大将軍の職を嗣子《しし》の秀忠に譲り、駿府《すんぷ》(今の静岡)に隠棲《いんせい》して国政のリモート・コントロールをしていた家康が、最後の努力をしたのは、三代目の将軍職を孫の竹千代(のちの家光)に譲るか、その弟の国千代(のちの駿河《するが》大納言忠長)に譲るかという選択の問題でした。

両親の秀忠夫妻、とくに母親は一見利発な忠長を愛し、神経質で、性格が激しい家光を遠ざけようとします。家康は老軀《ろうく》を押して江戸に出て、家光を後継に定めます。天下泰平の世になってからは、たとえ弟にどんな才能があっても、長男が相続する、という原則を変えない方がいい、と考え、その原則は二五〇年も守られました。

その間徳川氏は、源氏、北条、足利の各幕府が起こしたような継嗣《けいし》騒動を一度も起こしていませんし、家光＝忠長の争いでは忠長が切腹を命じられるのですが、それ以来徳川の一門で切腹したり、処刑された者はいません。

家康のやり方は、小心で、保守的ではあります。しかし、現代の同族企業でも、ファッション・デザイナーでも、相撲部屋でさえ、同胞の間で後継者争いが起こり、野心家が一方に味方して、同胞を排除するように煽動し、それが解体と崩壊に火をつけるという顚末を私たちはあまりにも多く見ています。

小心ではあっても、気配りの人で「おそれを知る人」であった家康の英知に、今日になっても私たちは感嘆しないわけにはいかないのです。

# 江戸の「犯科帳」にみる犯罪と「心の病」

## 百万都市・江戸は治安が保たれ、清潔だった

「花のお江戸」というのも道理、十七世紀から十九世紀にかけての日本の首都、江戸は当時の世界でも有数の「百万都市」でした。当時のロンドン、パリなどの大都市に比較しても、治安がよく保たれ、清潔であったことは幕末に日本を訪れた多くの外国人の証言がそれを物語っています。たとえばヨーロッパの大都市の路上は、少なくとも十七世紀ころには、塵芥《じんかい》と糞尿で極めて不潔だったのです。

江戸は、「伊勢屋稲荷に医者犬の糞」（伊勢から出てきた商人の営む質屋や商店と、町内のお稲荷さんが多く、それに読書人や浪人が食いつめたらすぐ医者の看板を上げました）というくらいで、せいぜい犬の糞程度の汚れですけれども、人間の場合は、「汲み取り」ではあっても、排泄物を収集し、大八車や舟で江戸近郊の野菜生産地に運んで肥料にする、というリサイクルのシステムがちゃんとできていました。

それが明治維新のころになると、欧米では産業革命による近代化、工業化の成果で、市街にはガス灯がつき、鉄道が走り、浄水場と上水道がある、ということで、訪欧した日本人使節はみんな驚いて帰り、日本の文化や伝統を捨てて欧米化をはかったのです。つまり二〇〇年以上も、戦争も反乱もなく、犯罪も少ない社会を維持したかわりに、産業革命に立ちおくれてしまったのです。

映画やテレビの時代劇を観ますと、江戸は殺人と暴力がまかり通っていたように見えますが、それは事実に反します。江戸の治安は、徳川幕府の政策によって入念によく保たれていました。江戸の市街地域を管轄する江戸町奉行所の同心、つまり正規の警察官の人数はわずか二百人でした。それが、手先（または岡引《おかつぴ》き）と呼ばれるたいていは副業をもっているか、女房に商売をさせている非常勤の助手を使って江戸の治安を維持していたのです。

五人組制度という隣組のようなものがあり、庶民の住む長屋では、差配（家主または管理人）は、落語にでてくる「八さん熊さんとご隠居」のような形で借家人（店子《たなこ》）の相談に乗り、「町内のカウンセラー」のような役割をつとめました。そうやって江戸の治安と人々の心の健康が保たれていたのです。

徳川幕府は、「御仕置類例集」「百箇條調書」のような貴重な裁判記録を残してこれを明治政府に引き継ぎました。「百箇條調書」は、大岡越前守忠相《ただすけ》が江戸町奉行から寺社奉行に転任した後だと思われますが、徳川幕府の最高裁判所に相当する評定所の裁判記録を寺社奉行所でまとめて保存したものです。つまり江戸中期以後の評定所が取り扱った重大犯罪についての判例を問題になる事柄別に編集したものです。

## 「乱心」による犯罪への幕府評定所の妥当な判決

この判例集で特徴的なものは、「乱心にして人殺しの部」「酒狂人《しゆきようにん》お仕置の部」「十五歳以下の者御仕置の部」といった、今日の犯罪学の目から見れば、刑事責任能力が問題になって精神鑑定が必要になるような事例がまとめてのせられていることです。いわゆる「乱心」(心の病)による犯罪は十二例のせられています。

その大部分は殺人です。殺人については乱心になった事情、犯行のありさまが詳しくのせられているので、今日の精神医学の目から見ても、それでちゃんと診断がつき、責任能力の判断もつくというものが多いのです。

その事例を挙げてみましょう。

事例1　神田の佐七(二六歳)は、病身で癪《しやく》(発作性の精神障害)が起きるので渡世ができなくなり、両親は出家させて京都の清雄寺という寺の僧侶に預けた。癪の起きないときにはなんともないので、僧侶は本人を連れて旅に出た。岡山の横山宣廸という医師の家に一泊したがその後、佐七は癪気（発作）を起こしたので薬をのませて寝かした。夜半になって本人は起き出して寄宿先の主人を斬殺し、駆け出して街の鐘つき堂に登って番人を傷つけ、その後街路で抜身を下げたままボンヤリ立っていた。本人の申し立てによると、「何物かに押しつめられて、手当り次第のものを持ち出したが、その後は記憶がない」ということであった。

この事例は今日の精神医学から見ても、精神運動性癲癇《てんかん》の発作、または癲癇大発作後の朦朧状態での犯罪であることは間違いないように思われます。評定所はこれに「姉聟永預け」という寛大な判決を下しています。

殺人と並んで江戸時代には重い刑が課せられていた放火犯についても、こういう事例が挙げられます。

事例2　甲州（山梨県）蔵田村の金右衛門の娘、はつは五年程前に乱心した後「本性に成り」（つまりいったん寛解して）、甲府勤番（天領である甲府城勤務の幕臣）佐々井仁右衛門のところに奉公に出ていたが、火事があれば人が騒ぐのが面白いので、夜中に木綿切れに火を包んで主人宅や生垣などに四度まで挿しておいたが、主人や同僚が気付いて大事にいたらず、未遂に終わった。（寛保二年の事件）

これはたとえ大火にはならなくても、主人宅への放火であり、二重の意味で江戸時代には特に厳罰に処せられそうなケースです。この放火犯の女性は五年前に一度乱心したといいますから、精神病の再発かも知れませんが、いちばん辻褄の合うのは、知的障害者が周期的に気分変調（不機嫌な、落ちつかない状態）を起こすような型の精神障害であるという診断上の推定でしょう

この事例に対して幕府評定所の下した判決は興味があります。つまり、はつの父の金右衛門は監督不行届、金右衛門の弟の吉兵衛は、はつがいったん乱心であったことを知りながら武家奉公に出すのをとめもしないで身元引請人になったのが不届であるから手鎖各三〇日。本人のはつは両人の処分が終るまで牢内にとめ置き、その後二人に渡して押しこめておくように申しつけるというもので、保護者の責任の追求のされ方が重いという感じです。

一般に厳刑をもって知られ、十両以上の窃盗は死罪、殺人犯（下手人）の認定を下されたら（身分法上の免責、つまり正当な理由のある無礼打ちや敵討ちなどを除いて）、まず死

罪をまぬがれない江戸時代でも、乱心の場合の殺人についてはたいてい「親類預け」という寛大な処分がなされています。その場合、評定所は（1）乱心であることがはっきりしていて、（2）被害者側の感情がある程度満足させられている、という二条件を求めたようです。そのために㋐一般の事件では見られないような詳しい犯行事実の記録、目撃証人。㋑「かねてから乱心」という病歴。㋒被害者遺族の同意書（「下手人相願わず」）、という三つの条件があったようです。

徳川幕閣の裁判官たちは、人間が心の病気におちいって犯罪をおかすことがあること、その際、常人と同じ処分をすることが残酷であることは十分わかっていたようです。別に専門家に鑑定させたわけでもないのに、彼らの判断はきわめて妥当ですし、前述の条件も条理にかなっているように見えます。

今日、一部の新左翼的な考えをもった精神科医や、「人権派」を名乗る実は加害者応援団のような人たちは、精神保健福祉法を改正して保護者から、患者さんの行動をコントロールし、医療をキチンと受けさせる責任を取り除くことを主張し、厚生省もこれを受け入れたように見えます。それが条理にかなっているでしょうか。「加害者天国、被害者泣き寝入り」という傾向は、それでは却ってひどくなるのではないでしょうか。

# 名君と名奉行——鷹山と忠相の倫理観

## 行革で財政難を切り抜け、領民を守った上杉鷹山

徳川幕府の二五〇年にも及ぶ治世を彩るのは、徳川吉宗や池田光政、上杉鷹山《ようざん》、細川重賢《しげかた》、松平定信らを代表とする「名君」たちと、大岡越前守忠相、遠山左衛門尉景元《さえもんのじょうかげもと》、長谷川平蔵（厳密に言えば彼は奉行ではありません）、井戸平左衛門《へいざえもん》のような名奉行たちがいたことです。

日本の歴史のなかで、政治をおこなう人たちが普通の人たちのために、その生活を守ろうとして、真剣な努力をしたという記録は、実は明治政府まで含めて、これらの人たちに止めを刺すように思われます。

もちろん、封建制度の下で、将軍や大名は世襲であり、議会もありませんから庶民がその意見を直接に政治に反映する方法はありません。士農工商という身分制度もはっきりしていました。これではさぞ理不尽なことがおこなわれたであろうと誰でもそう思いそうで

すし、とりわけ「封建制」を悪とした第二次大戦後、そう教えられてもきました。

それなのに実際に記録に当って見れば、とりわけここに挙げた人たちの、人々のくらしを守ろうとする努力の真剣さは、驚くべきものであると言っていいでしょう。

米沢（山形県置賜《おきたま》地方）の領主であった上杉治憲《はるのり》（鷹山）の場合はどうでしょう。鷹山が養子として領主になった途端に直面したのは、もう「自己破産宣告」をして領地を幕府に返納するほかはないというほどの財政難でした。

彼は領主自身の食費を切り詰め、侍女を解雇するといった徹底的な行政改革によって切り抜けようとします。しかもそれを、貧民や孤児を救済し、江戸から高名な儒者細井平洲を招いて藩士だけではなく藩民の教育水準を向上させる社会政策や、漆、鯉、笹野一刀彫などの特産品を奨励する、今日なら大分県知事平松守彦さんが提唱した「一村一品運動」に相当する経済政策とともにおこなったのです。

東北地方を飢饉が襲ったときには、『かてもの』という題名の救荒作物のテキストを領民に配布して飢饉をまぬがれようとしました。おかげで米沢の人たちは、干害の年にも餓死をまぬがれたのですが、そうなると隣国から飢えた人たちが領内に流れこみます。治憲は、難民にも食料を与えるよう命じますが、領民が不満を述べはじめます。板挟みになった治憲は、一命にかけて降雨を祈ろうと断食をはじめたら雨が降りはじめたという話があるくらいです。J・F・ケネディ元米大統領が大統領就任時の記者会見で、日本人記者から「尊敬する日本人は誰ですか?」と質問されて、「かつて日本にいた理想の為政者」として上杉鷹山の話を持ち出し、日本人は却ってこれを知りませんでした。

## 正義漢・大岡忠相は庶民の味方でもあった

徳川時代を通じて、幕府では将軍徳川家宣《いえのぶ》と侍講新井白石《はくせき》、将軍徳川吉宗と江戸町奉行大岡忠相、松平定信と火付盗賊改《ひつけとうぞくあらため》長谷川平蔵のコンビが知られています。

家宣と白石のコンビは、五代将軍綱吉がおこなった寺社の建設、「生類憐《しょうるいあわれ》みの令」などによる浪費、それによって生じた予算の欠損を補うために貨幣を改鋳して質を落とすといったインフレ政策の軌道を修正することが最大の任務でした。

徳川幕府は二五〇年もつづいたにしては、初期の日光東照宮の造営を除いては、とりわけ綱吉の後からは、納税者である農民の負担になるような、華麗で壮大な土木工事をおこなっていません。江戸城の天守閣が焼失した後でさえ、軍事的意義がなくなっていたせいでしょうが、天守閣の再建をおこなっていないのです。吉宗や定信も土木事業による浪費にはとても慎重でした。

吉宗の政治は、江戸南町奉行であった大岡忠相の存在を抜きにして考えられません。忠相は、今日で言えば都知事、警視総監、東京地方検察庁検事正、東京地方裁判所長、それに幕府の最高裁判所に相当する評定所の一座として最高裁判事も兼ねていました。「大岡裁き」という司法、裁判の領域での業績ばかりが伝えられていますが、彼はドラマに出てくるように刑事みたいな活動をしたわけではありません。

刑事裁判官としての忠相の活動は、もっぱら誤判による無実の処刑をなくすること、「拷問は上はお嫌い（将軍吉宗がそれを好まない）」と言って、拷問を抑制することに注がれます。容疑者を拷問して、虚偽の自白をさせ、事件をデッチ上げようとした事例では、再捜査を命じて、フレーム・アップをおこなった目明かし（岡引き）を逮捕し、なんと死刑にしています。「大岡裁き」はこういう峻烈な一面によって維持されたのです。

議会制度がない時代、吉宗は目安箱《めやすばこ》という投書箱を設けてその鍵を自分で管理する、というやり方で人々の声を政治に反映させようとしたのです。「目安箱」に対する医師小川笙船《しょうせん》の建議にもとづいて、オランダ医学を取り入れた社会保障的な施療病院である小石川保養所が作られます。町火消いろは四十八組の制度を作って、江戸市街地の消防のシステムを作ったのも二人のコンビの業績です。

それに、都知事としての忠相の努力が、任期中一貫して、大商人たちの談合とカルテル行為による物価のつり上げを食いとめることに注がれたことは案外知られていません。しかも米価があまり下落しては農民も、下級武士たちも困ります。あくまで大商人たちのカルテル行為による諸色（物価）の値上げを阻止するという公正取引委員長のような役割をも忠相は負わされました。

これができるためには、奉行自身、絶対に腐敗からまぬがれていなければなりません。当然、大商人たちは激しく抵抗します。ついに痺《しび》れを切らした忠相は大商人たちを集めて監禁し、物価を引き下げない限り釈放しない、と宣言します。

事態は根くらべになり、終いに、忠相は寺社奉行兼奏者番《そうじゃばん》、つまり一万石の大名に昇格するかわりに町奉行を解職されることになります。ははあ、これは老中（閣僚に相当します）の誰かに金が動き、忠相を信任している吉宗を怒らせないような形で忠相は「二階に上げて梯子《はしご》を外された」のだな、と誰でもそう思うでしょう。

しかし、そのことから私たちは忠相が、今日の政治家や官僚にはあまり見られないいくらい倫理感と正義感の強い人であり、それだからこそ結果として庶民の味方にもなれたのだということがわかるのです。

「鬼平」の名で知られている長谷川平蔵の最大の功績は、今日で言えば、ホームレスや非行少年、犯罪者の社会復帰のための保安処分と矯正のための施設「石川島人足寄場」を作ったことです。

江戸時代の名君、名奉行たちがこういう人物でありえたのは、①江戸時代は、戦争のない時代であり、戦乱のなかで「英雄」になる道は塞がれています。それだからこそ、為政者は「人々のためによい政治をすること」のなかに、自分の「生きたしるし」を見出そうとしたのでしょう。②そのうえ、彼らは徳川家康とその顧問であった藤原惺窩《せいか》が持ちこんだ儒教政治の「仁政」の思想の建前を本気で信じこんでいたようです。

今日、何でも「本音」がまかり通って「建前」が侮蔑される時代ですが、それが人々の倫理感の喪失につながり、欲望のままに何でもやればいいというのでは、たとえ一見「民主主義」の制度があっても、人々のくらしと安全を守ることにはつながらないという「歴史の教訓」がここにありそうです。

## 忠臣蔵と江戸城中の事件史

### 「愛と犠牲の物語」としての忠臣蔵

江戸時代を通じて元禄時代は文化、政治、経済ともに最も話題の多い時代です。しかし、元禄時代の最大のイベントは、赤穂浪士の吉良義央《きらよしなか》邸討入り、つまり「忠臣蔵事件」でしょう。

ところが今日では、「忠誠」という言葉自体が封建的で古くさいということになっていて、なかでも、人々のいのちとくらしを守っていくうえで、基本的に大事であると思われる国家に対する忠誠でさえ、それを学校教育に含めることが軍国主義の復活だとか、「児童の権利条約に違反する人権侵害」だなどと、柄《え》のないところに柄をすげるような非難攻撃の的になり、タブーとされているのが現状です。

それなのに、無念の死を遂げた主君の無念を晴らすために集団で復讐をおこない、非業の死をとげた武士たちの物語が若い人たちを含めて多くの人々に愛され、「忠臣蔵」の物語がくり返し上演されるのはなぜでしょう。

それはひとつには、歌舞伎の『仮名手本忠臣蔵』でも、大佛次郎氏の『赤穂浪士』でも、真山青果の『元禄忠臣蔵』でも、すべての忠臣蔵が何かの形での「愛と犠牲の物語」として作り上げられているからでしょう。主君と家臣、男と男、さらに夫と妻、親と子の、愛と献身と犠牲の物語のあらゆる「かたち」がこれほど凝集した物語は稀です。

一九九八年の日本で語られた最も美しい日本語の「語り」は、第二十六回国際児童図書評議会ニューデリー大会での「子供時代の読書の思い出」と題する皇后さまのビデオによる基調講演だったでしょう。そのなかで皇后さまは、日本武尊の愛に酬いて、海に身を投じて海神の怒りをなだめて犠牲になった弟橘媛の話を引用して、犠牲と結びついた愛のかたちに触れた感動を語られました。

大新聞やテレビでは好き勝手な自己主張をすることが「人権」で、公共心や忠誠心を教えることは、「押し付け」で「管理教育」だ――という「社会学者」や教育評論家、「人権派」と自称する弁護士さんや大新聞論説委員や「ニュースキャスター」の声ばかりが声高に伝えられていますが、日本人の心の奥底には、それとは別のものが流れていそうだということが、若い人たちを含めての「忠臣蔵」人気のなかに示されているのではないでしょうか。

## 「痞《つか》え」の持病があった内匠頭刃傷の動機

赤穂浪士たちのリーダーであり、赤穂藩の国家老であった大石内蔵助良雄《くらのすけよしお》と四十六人の浪士たち、それにその家族たちや恋人たちの物語はそうであるとして、その発端となった元禄十四年（一七〇一年）三月十四日に起こった江戸城松之廊下刃傷《にんじよう》事件と、加害者であった浅野内匠頭長矩《たくみのかみながのり》と、被害者であった吉良上野介義央の心理状態や動機がどうなのか、これがさっぱりわからないのです。

当日は京都の朝廷から江戸の将軍家に毎年派遣される親善使節である勅使を、将軍綱吉が江戸城中で饗応《きようおう》する儀式の当日でした。その饗応の献立もわかっているし、事件の目撃者もいるのですが、長矩は、将軍がみずから勅使に謝辞を述べる儀式の直前に、江戸城内廊下で立ち話をしていた義央の後から、「この間の遺恨覚えたるか」と声を掛けて斬りつけています。長矩はそのあと、目付けの近藤平八郎と多門《おかど》伝八郎に訊問されたときにも、恨みの内容について述べていません。

一般には、①浅野内匠頭が、勅使の接待役を命じられ、その儀礼のコーチである高家《こうけ》（儀典係）の義央に挨拶に行ったときに、賄賂《わいろ》を持って行かなかったので腹を立てた義央が、ろくにコーチしてくれないだけでなく、ことごとく恥をかかせるように振舞い、これに精も根も尽きはてた結果であるとされています。②そのほか、饗宴の予算の見積り額の食いちがい。③長矩の領国の産物「赤穂塩」と吉良産の「饗庭塩《あえば》」の製法と販路をめぐっての対立。④長矩の児小姓日比谷右近をめぐっての同性愛的な鞘当《さやあ》てなど、さまざまに推測が伝えられています。

しかしこの②―④の説はいずれも根拠を調べると立ち消えになってしまうのです。①の説は、幕府の公式記録である『徳川実紀』にのっているので全面否定はできませんが、「世に伝わる所では」という「括弧つき」の記述なのです。⑤はっきりしているのは、長矩は、三月十一日、「少し御不快の様子で、寺井玄渓《げんけい》（藩医）がお薬を差し上げた。大役を命じられて昼夜精根を尽されたので、御持病の痞気《つかえ》で、それゆえ殿中をも弁えず御喧嘩に及んだか」と『江赤見聞記』にも『寺井玄渓筆記』にもあります。

この「痞《つか》え」というのはストレスによる頭痛、腹痛、かんしゃくのような心身症症状を指すことが多いのですが、場合によっては今日で言えば、腹部発作と不機嫌状態を伴う軽い癲癇発作のようなものも含むでしょう。今日だって、「管理教育」のせいだとされているナイフ殺人事件の少年で、検査の結果そうではないかと思われる事例もあります。

浅野内匠頭は「私は全く乱心ではありません」と叫んでいますが、もし、現代の事件だったら脳波検査をしてみたかったとたいていの精神科医は思うでしょう。長矩は意識を失っていたわけではありませんから、「痞え」という持病があるところにストレスが加わって、鬱積《うっせき》爆発反応と呼ばれる爆発が起きたのでしょう。そして、吉良義央による意地悪が伏線として存在していた可能性は無視できない、というところでしょうか。

江戸時代を通じて、江戸城内では、「営中刃傷」と呼ばれる一連の殺傷事件が起きていて、『営中刃傷記』（一巻）という記録があるくらいです。それによると、営中刃傷事件は寛永四年から延享二年（一六二七―一七四五年）までに、赤穂事件を含めて七件起きています。

その後、天明四年（一七八四年）三月二十四日に起きた佐野善左衛門による若年寄田沼意知《おきとも》刺傷事件は田沼意次《おきつぐ》政権崩壊の原因になるという重大な政治的結果を生んでいます。たいていの事件はいずれも「遺恨があって武士の面目が立たない」というので起きています。文政六年（一八二三年）江戸城西の丸で、五人の同役を死傷させて自殺した松平外記《げき》事件の場合は、先輩連中の悪質ないじめにあって、「堪忍袋の緒が切れて」爆発したようです。

さらに加害者が日ごろから「狂癇《きょうかん》の疾《しつ》」つまり精神病があったと明記されていて、「乱心」とされたものが二件あります。

登城して殿中で勤務するというのは武士にとって強いストレスであったのでしょう。それに利害や感情が交錯する武士たちがお互いに「顔を合わせる」場所は江戸城に登城する日しかなかったのでしょう。

さらに赤穂浪士事件では、もうひとつ注目されることがあります。浪士たちのうち名乗って出た全員（四十六名）は、忠臣義士としてたたえられましたけれども、全員が処刑（切腹）されています。

江戸時代全体を通じて、天草の乱以後、これだけの集団処刑は幕末の大塩平八郎と天狗党の乱にいたるまで例がありません。そしてその結果、幕末まで、「死んだ主君の恨みを報じる」という形の敵討はほとんど後を絶っています。

今日の少年事件や死刑事件でも、処罰によって犯罪や非行を減らすことはできないという議論が安易に唱えられますが、本当にそうだろうか、と頭を抱えざるを得ない——という人間性の真実の一端がここにのぞいているようでもあります。

## 『近世畸人伝』にみる江戸の女性たち

### 「畸人」と呼ばれた肯定的非順応型の人たち

江戸時代に、精神異常を表現するために、いちばんよく使われたのは、庶民レベルでは「キチガイ」で、公文書や判例のなかでは狂気・乱心という用語です。このなかでも乱心は反社会的行動と結びついて用いられ、狂気よりも一過性で、常人でも見られる逆上を含めて用いられていたようです。

この乱心という用語の拡張解釈は、赤穂浪士事件の発端になった浅野内匠頭長矩の殿中刃傷事件のような政治的側面をもつ場合に多く用いられたようです。これはひとつには、乱心とされた者の行動の責任が、一族や家臣団に波及するのを防ぐとともに、他方では乱心者や暗殺者の意図や志を封じこめる役割もはたしました。

しかし、「乱心」とされた事件の当事者がすべて精神的に正常であったかと言えばそうではないでしょう。社会的な枠組が厳しくて、世の中に調子を合わせて生きるだけでは我慢できない非順応型の人々だけが、あえて「王様は裸だ」と口にしたり、行動に表現したりすることができたのでしょう。そしてわが国の江戸時代の社会は、そういう人たちの存在価値を認めていたのです。

江戸時代では、こういう人たちのために畸人《きじん》（奇人）という用語がありました。江戸時代中期、京都の国学者・歌人であった伴蒿蹊《ばんこうけい》（一七三三―一八〇六年）が一七九〇年（寛政二年）に出版した『近世畸人伝』は、江戸時代のはじめからその頃までの畸人の事例を列挙しています。

蒿蹊によると畸人には二種類あって、その一は、「人としては奇であるが、彼の人間としての在り方は天にかなっており自然のあり方に合致している人」で、本当の狂人や、神秘家、酒に耽溺した人や天才が含まれています。

その二は世人に比べておこなうところが「奇」である人で、これは道をつくしたという点が「奇」だというのです。このなかには、中江藤樹《とうじゅ》や貝原益軒《かいばらえきけん》のような仁義忠孝の人、飢饉の年に「自分は老人で助けてもらっても報いてあげる余裕がない。長生きして人の助勢を受けることは恥ずかしい」と言って餓死してしまった「長崎の餓人《がじん》」小篠吉左衛門のような人までが含まれます。

伴蒿蹊は、要するに「小利口で、自分の利益だけを追求して、世の中に調子を合せているような連中」とは一線を画している人たちを畸人と呼んでいます。

『近世畸人伝』と、正編の挿絵の作者三熊花顚《みくまかてん》による『続近世畸人伝』(一七九四年、寛政六年)には併せて一八三例の畸人の伝がのせられていますが、そのなかには、①高名な僧侶、儒者、詩人、画家、書家のような著名人と、②市井の人で、埋もれていた畸人、の両方が含まれていると言っていいでしょう。

そして特に②には、女性が際立って多いのはいちじるしい特色で、その顔ぶれもずいぶん多彩です。夫の留守中に、しつこく言い寄り、レイプに及ぼうとした相手を即座に刺し殺したという「烈女」もでてきますが、もと「島原(京都の下京区に一六四〇年以後存在した遊廓)の名妓」が「世のすね者」という相手と結婚してのびやかに過ごしたという話も出てきます。

つまり、畸人伝に出てくる一連の人間像は、要するに日本の近世での肯定的な非順応型の人々のそれです。

そのなかで、伴蒿蹊が直接に「狂」という言葉を使っている相手は少ないのですが、そのなかの一人は「文展《ふみひろ》げの狂女」という話です。

## 「大事だと思う生き方」に殉じる

天正の頃、四十歳を越した女が「物狂いして」一巻の文を箱に入れ、首にかけて、花の頃は東山の木かげにいたり、月のころは五条大橋の上などに出てきて、その手紙を取り出して読み、声を挙げて泣き悲しみ、何か独言を言って後に取り納めて立ち去るのを常としていた。これはもと小野のお通に仕えていた千代という女性で、都の商人喜藤左衛門というものと恋仲になり、結婚したが夫が零落したので夫婦仲が疎遠になり、女はお通のもとに戻った。男はこれを恨んで、手紙をよせてのちに死に、この女はそれを読んで狂女となって京の街を徘徊するようになったものである。

この事例は、病気のかたちは精神分裂病のようです。しかし、浄瑠璃の元祖とされる（これは誤りだそうですが）小野のお通の弟子であり、放浪の芸能人としてとらえられており、路上で歌舞しているというような点で、中世の能の「狂乱物」に出てくる狂女たちの系統につながっています。ここではお互いに食いちがいながら、一途な恋の「まこと」が、彼女に畸人の名を与えたのでしょう。

『畸人伝』には一連の遁世者や僧侶などが含まれます。なかでも浄土信仰をもつ、妙好人と言われる一連の仏教信者のなかにはこんな事例もあります。これは続編に出てくる話です。

江戸に妙船という尼がいた。他力念仏の修行を怠らずに勤めていたが、いつ頃からか、夕暮の看経の際、妙船の頭上に仏壇から光明が輝き、または後から光がさして仏間を照らすようになったので、夕暮の勤行《ごんぎよう》のときには人々が沢山集ってくるようになった。妙船は承知せず、「多分、魔の仕業《しわざ》だろう」と相手にせず「こんなことはやめさせて下さい」と祈願していた。妙船の従弟に与惣右衛門という者がいて若いときは道楽ものであったが、信心にはげみ、これも白色の砂子《すなご》を降らすようになって、人々がこれを拾って楽しむようになった。妙船は「こんな信心は本物ではない」と嘆いて仏前でこんなことはやめさせて下さいと願ったので、与惣右衛門が次にやってきて願っても砂子は全く降ってこなかった。妙船は従弟に「私はこんな奇怪は好きではないね。かえって往生の障だからやめさせて下さいと仏前でお願いしたのだよ」とさとし、与惣右衛門は一言もなく立ち去ったという。

浄土教信仰、特に念仏者の真髄は、幻覚に導かれての往生は邪道である、というものなので、妙船の態度は正しいのですが、江戸時代にはすでに、市井の人々にもこのくらいの合理性はあったのです。

『畸人伝』には、そのほか、①池大雅のような天才。②表太や亀田窮楽のような酒仙。③

その他さまざまの義人。④あえて餓死の道を選んだ餓人、という四つのタイプが登場します。そして「義人」のなかには、主人の子を狼から守ろうとしてその上におおいかぶさり、狼に噛まれて死んだ子守りの少女や、洪水のとき、継子を実子より先に助けようとして溺死した甲斐栗子といった人々が含まれます。

こういう人たちが「畸人」とされてしまうのはなぜでしょう。当時だって、封建的な道徳を一途に遵奉《じゅんぽう》するような人、つまり精神分析的に言えば超自我が自我を圧倒するのは少数派であり、だからこそ「義人」は「畸人」のなかに入り、そして尊重されたのでしょう。文芸評論家・佐伯彰一氏は、「こうした『畸人伝』がもてはやされ『俳家奇人伝』その他類書も相ついだというところに江戸人のおおらかな好みがおのずと知られて頼もしい」と言うのです。

それだけではありません。江戸時代の人間が、個性がない、近代的な「自分」というものがない、順応的で「あいまいな日本の私」の集まりだった――という、過去の日本の歴史を暗黒に塗りつぶそうという人たちの考えが誤りであったことを、ときには多数派に背《そむ》き、命を投げ出しても自分が「大事だと思う生き方」に殉じたこれらの「畸人」たちが示してくれるのではないでしょうか。

## 『女殺油地獄』と江戸市井の事件史

### 与兵衛にみる「甘え」の構造

わが国の犯罪や自殺などの「事件」を生き生きと描き出しているのは、古代（主に奈良時代の事件です）の『日本霊異記』、中古、中世の『今昔物語』のような説話集です。

しかし江戸時代の犯罪については、資料は質・量ともにずっと豊富になります。徳川幕府は、『御仕置類例集』や『百箇條調書』などの実際の、貴重な裁判記録を残し、これを明治政府に引き継いでいます。そのほか各藩、奉行所の裁判記録も残っています。さらに、同時代の犯罪をテーマにした戯曲、小説、随筆の類もあります。

なかでも、西鶴・近松のようなリアリストの作者の作品のなかには、かなり立ち入った犯罪心理の分析さえみられます。とりわけ近松門左衛門（一六五三―一七二四年）による『女殺油地獄』は犯罪心理、それも比較的平凡な犯罪者による平凡な犯罪の心理を追究した点で、世界文学史上でも、少なくともその時点までは類例が少ないものです。

このドラマの主人公である大阪の油屋の息子河内屋与兵衛は、放蕩のあげく、借財の返済を迫られ、彼に同情を示してくれた同業者の若妻に借金を申し込み、拒絶されて彼女を惨殺します。近松は、この与兵衛の性格と背景を、おそろしいくらいの洞察力によって、近代の犯罪学が描き出す青少年犯罪の典型例にみごとに重なり合うような形で描き出しています。

与兵衛の場合、実父が幼いときに死亡しており(欠損家庭)、母親である未亡人と結婚して油屋を相続し継父になった元番頭の徳兵衛が彼に対して引け目をもち、父親として対さず(父親像の不在)、母親の甘やかしの結果、まったく超自我(精神分析で言う、父親との同一化を通じて身につけられる良心)が形成されていない、意志が弱くて衝動的な性格ができあがっています。

彼の対人的な態度の特徴は虫のよい甘えと、それと裏腹の反抗です。自分の欲望を制御できないので、短絡的に行動して、その結果、窮地に追いこまれると見境ない嘘をつくのです。

与兵衛は不用意に受容的な態度を示した油屋の若い妻に、「甘え」にもとづく理不尽な要求(夫に内緒の借財)を申しこんで拒絶されます。この場合、甘えの対象となっている人間が彼の甘えを受け入れないとき、見境なく攻撃的になるという彼の幼時からの行動の型が繰り返され、油屋の若妻は惨殺されます。

この『女殺油地獄』が私たちに教えてくれるのは、元禄時代の上方《かみがた》(京・大阪)の町人社会には、すでに、青少年の「甘えと反抗」を受け入れる余地があったらしいことであり、与兵衛の継父徳兵衛の場合、旧主人に対する封建的な主従道徳観をもっていながら、自分の義理の息子にはタテマエ上の父として振舞えないという、現代の中高年の男性のような行動の型を示していることです。

精神分析学者の土居健郎氏が指摘する日本人心理の特徴である「甘え」が、個人の病理のなかに明瞭に登場する事例は、この与兵衛などがもっとも古いかも知れません。そして「父性の不在」が、異常な性格や非行のもとになるという認識を近松門左衛門がこれほどはっきりもっていたことは驚くほどです。

## 古典文学は人間性のタイム・カプセル

日本のシェークスピアと呼んでもいい近松門左衛門の作品は、文楽の人形芝居の台本である浄瑠璃と歌舞伎芝居の台本の形をとったものでした。古典文学は言ってみれば人間性のタイム・カプセルです。ある時代のある社会で、人間の心情や性格がどのようなものとしてとらえられていたかを示すのに、すぐれた同時代の文学ほどいいものはありません。そこに挙げられた事例がたとえ創作であったとしても、それはその時代の鋭い人間観察者であった作家が、自分の人間仲間をどんな人間観をもって見つめていたかを知るいい材料になります。

江戸時代の市井の事件史を多くのせているのは、江戸文学のなかでも最近になってその重要性を認められている随筆集です。なかでも『耳袋《みみぶくろ》』『北窻瑣談《ほくそうさたん》』『甲子夜話《かつしやわ》』『黒甜瑣《こくてんさ》語《ご》』などはいわゆる「奇談」のジャンルとして、そのころの心の病気や、もの憑き、中毒、犯罪の事例を多く載せ、それは私たちに多くのことを語ってくれているのです。

そのなかで、根岸肥前守鎮衛《やすもり》（一七三七―一八一五年）の『耳袋』は、著者が江戸町奉行で、実務家としての観察の目がよく行き届いています。そのなかの、「もの憑き」の事例にこういうのがあります。

駒込あたりの同心の母親の話である。倅の同心は昼寝をしていたのだが、そこに鰯売りがきて、表を呼び声をあげて通るのを母親が呼びとめた。老母は片手に銭をもって、「全部買うから値段を負けてくれ」と交渉した。鰯売りは「とてもそんなに安くては」と拒絶したが、老母は「全部売ってくれ」と言い、怒って手を振り上げたがその口は耳まで裂け、全く猫そっくりであった。鰯売りは「きゃっ」と言って逃げたが、その物音に伜が目を醒まし、見ると老母の顔は全く猫であった。「これは猫が老母を殺して入れ換ったに相違ない」と枕元にあった刀で斬り殺した。しかし、死体は正しく老母に相違なく、伜は切腹するほかはなかった。

根岸鎮衛は、この事例について「物事は心を鎮め、百計をつくしたうえで、重大なことは取り計うべきである」と批評しています。ところが彼はこの事例の前に、「猫の人に化けし事」として、似たような事例ながら、斬り殺した母親の死体がだんだん猫に変わってきたので息子は切腹をまぬがれたという別の事例を記しています。つまり鎮衛は、当時の人々の考えと飛びはなれた見識の持主ではないのですが、せいいっぱいの分別で物事を現実的に判断しようとしています。

ところで、筆者は、これとそっくりの現代の精神鑑定例を二例経験しています。二例とも有機溶剤乱用（シンナー中毒者）です。

一例は、家出した十九歳の少年と十七歳の少女が二人で「先輩」の家でシンナーを吸引しているうち、口論になり、少年は、少女の顔が毛むくじゃらの怪物に見えて、締め殺したが、その後で顔からスウーッと毛が消えていくので愕然として、手首を切って自殺を図った、という事例です。

もう一例は、永年シンナー依存におちいっていた男が、自分の両親が顔形は同じだがなんとなくちがう。どうも偽物が両親を殺して入れ換っているのだと考え、両親とも惨殺したというのです。

二例とも本当にそんなことを考えていたのかどうかわかりません。人間は、なにかのはずみに、そうして〝心の鬼〟を呼び起こしてしまうことがあるものです。両親をはじめ身近な人に「感謝し、拝む心」を忘れたときに、薬物や狂気が私たちをまどわすのです。私たちは根岸鎮衛を迷信的だと言って笑えるでしょうか。

# 平賀源内と江戸のルネッサンス

## 洗練されていた江戸文化

「あいまいな日本の私」という題名でノーベル文学賞受賞記念講演をおこない、その後母国から贈られそうになった文化勲章は蹴っ飛ばしてしまった作家が、「文化人」たちの尊敬を集めるというのが今日のわが国の心の風景です。

日本人は「あいまいで」独創性がない、とか、創造性や個性が封建制度や家族制度のもとで押し潰されていて、そうさせたのが江戸時代だったという見方が、中学や高校の一部の教師たちによって子どもたちに吹きこまれています。しかし、最近の「江戸時代の見なおし」の風潮のなかで、江戸時代はその後の近代化の土台を作る基盤を培った時代であり、今日の私たちのものの考え方や心情の多くのものは直接、江戸時代から引き継いだものであることがわかってきました。

明治以来の皇国史観でも、進歩史観でも不当におとしめられてきた江戸時代は、実は同時代の西ヨーロッパにひけをとらない洗練された文化を日本人がもっていた時代でした。上田秋成（『雨月物語』の作者）や小林一茶（俳人）、さらにここでとりあげる平賀源内《ひらがげんない》（一七二八―一七七九年）は、まるで、ヨーロッパで言えばルネッサンス期の天才のような存在でしたが、やはりそれなりに時代の制約のなかで苦しまなければならなかったのです。

平賀源内はかつてNHKの大河ドラマ「天下御免」の主人公になった、多才で爽快な人物です。彼は一七二八年（享保十三年）に讃岐国（香川県）志度浦で、父白石茂左衛門の三男として生まれましたが、兄二人が早く死んだので跡取りになりました。父親は高松藩の蔵番で、足軽同様の低い身分のものでしたが、源内は藩の儒者菊池黄山について儒学を、三好喜右衛門について本草学（薬物学）を学び、また少年時代から『太平記』のような文芸書を読み耽《ふけ》り、かつ俳句も作っていたそうです。

彼は少年時代、天狗小僧と呼ばれたくらい利発であり、多方面に興味を示していたのですが、それにしても、当時の四国の田舎では、足軽身分の子として生まれたものが、在地でかなりの教養を身につけることができたのです。俳句の仲間とは、身分や階層をこえて交流をもつことができたのです。源内は幼少のとき、夢の中で、

霞にてこして落とすや峰の滝

という発句を作ったといいます。これは俳句としてはどういうこともないのですが、夢と現実の距離が近いという天才的な芸術家、宗教家に共通する素質をもっていたことがわかります。

源内は、一方では、肥って暑さ負けにも苦しむほどだったのに、鼻筋が通り、目が細長く鋭いという特徴があり、これは身体的には肥満型と細長型の体質が入り混じっていたことになります。

肥満型の体質の人らしく、「明暗・躁鬱がかわるがわるくる性格の持主で、あるときは豪放闊達《かったつ》で、侠気《きょうき》にも富んで社交性を発揮する。さらに移り気で新奇のものをめまぐるしく追い求めて、興《きょう》の赴くままに何にでも手を出し、ひとつのことにいつまでもかかずらうことをしなかった」と言いますから、躁病の方に傾いた循環気質（気分に波のある外向的な性格、太り型に多いとされる）の人らしい特徴はあるのです。

一方、「他の場合には神経質でしばしば人と争い、表面は豪放快活らしく見えても小心で陰気なところもある」矛盾した性格の持主で、これも体質と同じく、少し分裂気質（非社交的、内面的、非現実的で感受性が鋭い）の要素を含んだ循環気質者、ということになるのであり、これも天才に往々見られる性格特徴です。

源内は二十歳のとき、父の死後、蔵番の役を継ぐのですが、そのころ、本草学の才能がある程度認められていて、長崎への遊学を許されます。その帰路、備後（広島県東部）の鞆の津に立ち寄ったとき、偶然白い陶土のあることを発見して土地の人にこれを焼いて焼物を作るようにすすめ、同時に製陶に当ってては地神、荒神、源内神を併せて三宝荒神として祭ることをすすめ、彼の忠告に従って利益を得た土地の人は彼を源内神として祭り、結局、彼は「神様」になります。源内はそういう「悪戯好き」の人物だったのです。

彼はそうやって才気を発揮し、高松藩は本草学者、物産学者として改めて彼を召し抱えるのですが、江戸に出て活躍したいという願望は強く、辞職を願い出ます。藩主の松平頼恭はこれを許すのですが、そのかわり、「他の大名や将軍家に仕官してはいけない」という意地の悪い条件をつけます。これで彼は一生、出世の望みを断たれるのですが、そのかわり「江戸市民」として何ものにもとらわれないで活躍することができたのです。

## 多才の人・源内を生んだ日本のルネッサンス時代

江戸に出た源内の活動はあきれるほど多方面で、どの領域でも先駆者の名に恥じないアイディアマンぶりが発揮されます。

本草学者としては一七六三年（宝暦十三年）『物類品隲《ぶつるいひんしつ》』を出版し、一種の自然科学事典の先鞭をつけています。この本の基礎には彼が組織した日本最初の学会とも言える「薬品会」に提出された資料があります。

彼は常に実用を忘れず、生涯に百種以上の発明をしていて、代表的発明品になったのは手廻し発電機であるエレキテルや、国倫織《くにともおり》や火浣布《かかんぷ》（つまり耐火性の布）のような織物や、源内櫛、金唐革のようなちょっとうさんくさいヒット商品もあります。さらに知り合いの鰻屋に頼まれて、「土用の丑《うし》の日に鰻を食べると夏負けしない」という、今日の商業広告の先駆に当るような大当りのコピーを生み出します。そしてそれらは、彼にとっては日本の金銀を海外に流出させないという「国益」をめざすものでした。

こういうふうな実用性と天馬空《てんまくう》をいくような奇抜な発想は、いかにも循環気質に分裂気質がちょっと加わり、夢と現実の距離が近い（夢幻様人格）という彼の性格にいかにも相《ふさ》応《わ》しいのです。

彼は芸術の面では、洋風画の先鞭をつけています。また戯曲家としては福内鬼外という名で浄瑠璃の創作にも手をつけて『神霊矢口渡《しんれいやぐちのわたし》』という作品を残し、これは今日でも上演されます。そして通人的な文人としては風来山人《ふうらいさんじん》の名で、『放屁論《ほうひろん》』『風流志道軒伝《ふうりゆうしどうけんでん》』のような作品群を残します。

この作品の性的な滑稽とスカトロジア（糞尿譚）、その底に含まれる痛烈な文明批評と人間性批判は、それが架空旅行記として語られているということもあって、フランス・ルネサンスのなかで生み出されたフランソワ・ラブレーの『ガルガンチュアパンタグリュエル物語』を思い出させもします。つまり、源内はラブレーやパラケルススやダ・ビンチのような、人格的にはずいぶん偏《かたよ》りがあり、人生において成功を納めたとは言えないが、きわめて多方面に活躍した万能の天才たちを思い出させるのです。

もっとも当時の社会のなかで、彼の仕事はなかなか現実の成果を生み出しません。そのうえ、周囲から山師呼ばわりされるということもあり、晩年の彼は精神に異常をきたし、来客を殺害して投獄され、獄死してしまいます。

しかし、「狂気におちいった天才」は西欧の文化史のなかでは数えきれないくらいいます。日本の江戸時代は、そういう人間の「かたち」を生み出した「ルネッサンス」の時代であったとも言えるのです。

# 遺体が語る徳川将軍家

## 年代が下るほど繊細で公家風の体型に

徳川家康（一五四二—一六一六年）が江戸に幕府を開いて以来、徳川将軍家は二五〇年間にわたって日本を統治しました。十五代にわたる将軍たちが他の権力者の家系と大きく違っていることのひとつは、その体型と骨格が調査され、よくわかっていることです。家康と三代家光の遺体は日光東照宮に葬られています。家康ははじめ駿河の久能山に葬られ、その後日光に改葬されたのです。そのほかの将軍たちは上野の寛永寺（天台宗）と芝の増上寺（浄土宗）に交互に葬られています。

これは平安仏教系の天台宗と、鎌倉仏教系の浄土宗の両方の顔を立てようという宗教政策だったのでしょうが、一九六〇年代になってから、徳川家は墓地の改葬を機会に遺体の発掘調査を認め、東京大学人類学教室の鈴木尚教授らによって詳細な調査がおこなわれ、その結果、歴史の謎を解く、さまざまの発見がなされたのです。

まず全体を通じてわかることは、二代秀忠（一五七九―一六三二年）から十四代の家茂《いえもち》（一八四六―一八六六年）にいたるまで、年代が下るほどに、前期の上半身と四肢が発達し、額の幅が広く、顎《あご》が発達したいかつい体型から細長くなり、四肢が細長く、下顎が小さい、つまり、繊細で公家風の体型に変ってきているのです（十五代慶喜は一橋家からの養子ですし、少し違います）。

これはひとつには徳川将軍家が、京都の天皇ご一家や、藤原氏などの宮廷貴族と通婚をくり返した結果、公卿風で、内裏雛《だいりびな》のような形質が摂り入れられて、筋肉質でがっしりしていたらしい三河武士家康以来の体質が変化したのであると考えられます。

もうひとつの要因として、食生活を含む生活様式がその間に変化したことが影響していますます。徳川将軍家はもともと武家ですから、将軍といえども質実剛健をむねとしていました。家康の息子たちも、紀州侯になった頼宣も、尾張藩祖になった義直も、水戸侯になった頼房やその子の光圀《みつくに》もみんな武芸に達していましたし、逞しい体格だったようです。

それが、代を経るにつれて生活も公卿風になり、大奥の女性たちに囲まれて育つので、過保護になりました。とくに夭折《ようせつ》する将軍の継嗣が多く、まちがいを起して責任を追及されてはたまらないので、周囲がますます過保護にしたようです。

とりわけ食生活にそれがあらわれており、魚の骨が咽喉にひっかからないように毛抜で一本一本抜いていたとか、ご飯に石が入っていてはいけないので、米粒を一粒一粒吟味していたとかいう、話が伝えられています。もっともそのために、将軍さまは、家来に切腹させることが趣味に合わないなら、食物のうまいまずいもあまり言えず、御飯に石が混っていても我慢するほかはない、ということだったようです。

そして食べ物の内容は、もちろん「将軍さま」ですから、動物性蛋白質の摂取量が当時としては群を抜いて多かったのです。獣肉はあまり食べませんでしたが、かつて「鷹狩り好き」だった家康以来、兎の獲物は武威を示すというので兎はかなり食べたようです。毎年、年頭の儀式として「鶴の吸物」が臣下に下された位で、鳥肉も食べていたし、魚はつねに出されました。①硬いものを食べない。②動物性蛋白の摂取量が多いという食習慣が、下顎の小さい、細長型の体型を作るということは、昭和一桁以前の日本人と、遺伝形質は同じであるはずのその子どもたちの世代を見くらべてみればわかるでしょう。

## 家茂の胸に抱かれていた黒髪

あっというような発見は、九代将軍家重（一七一一―一七六一年）の頭蓋骨の調査で示されました。家重の右下顎骨と臼歯が、左側に比してひどく磨《す》り減っていたのです。筆者は鈴木調査団に加って発掘調査をおこなった佐倉朔・東京医科歯科大学人類遺伝学研究室講師（当時）に、その写真を示されたときに驚き、興奮しました。つまり、家重についての謎がこれで解けたのです。

家重は、英明剛毅《ごうき》で、『暴れん坊将軍』としてテレビドラマ化されている八代将軍吉宗の長子でしたが、「脆弱《ぜいじゃく》で暗愚、言語不明瞭で側用人《そばようにん》大岡忠光だけがそれを理解できたという」とされていて、大岡忠光は自分の意志を将軍の意志と偽って側近政治をしていたのだ――とさえ言う人もあるくらいですが、いやあれは言語不明瞭なだけで、案外何でもわかっていて聡明だった。「言語明瞭、意味不明」ではなくて、その反対だったという説もあったのです。

この下顎骨と歯牙は、家重が脳性小児麻痺に罹《かか》っていたことを示します。これは胎内か周産期か発達初期に、脳片側の脳障害を生じて、そのために筋緊張が片側で強くなり、言葉を発するときには首を傾け、歯をくいしばり、拳を握りしめて吃《ども》りながら話すという形になります。現代なら車椅子生活になることが多く、歩行は突っ張ったような歩き方になります。知能は障害されている部位の大きさにもよりますが、結構、保たれている場合も多く、現代のような障害者のノーマリゼーション（障害をもちながらでも、できるだけ社会参加して自分の能力を発揮すること）が唱えられている時代では、俳人、評論家、地方議員などとして活躍している人も少なくない。こういう人を見かけで判断してはいけないのです。

それにしても吉宗が、文武両道の達人として知られた二男の田安宗武でなく、家重を後継者として選んだのは、吉宗が尊敬し、同一化（その人のようになりたいと思うこと）していた家康が、三代将軍を選ぶとき、利発で、母親に気に入られていた弟の国千代（のちの駿河大納言忠長）でなく、一見暗愚で、気が利かないように見えた長子の竹千代（のちの三代将軍家光）を選ぶことを命じ、つまり継嗣争いを絶対に避けたという原則に従ったのです。

家重と宗武を見くらべると、こんな後継者の選び方は天下泰平の世だからこそできたのだと言いたくなりますが、そのせいか、徳川氏は血で血を洗う内紛からは最後までまぬがれていたのです。

もうひとつ、ほほえましいエピソードがあります。十四代将軍家茂は紀州侯斉順《なりゆき》の子で、皇女和宮《かずのみや》と結婚し、井伊直弼《なおすけ》の横死後、大坂城で第二次征長（幕府の軍勢による、長州藩が蛤御門の戦争を起したことに対する懲罰戦争）の役を統率中に脚気衝心《かつけしょうしん》で夭折しています。このご降嫁は和宮に有栖川宮《ありすがわのみや》という許婚者があり、政略結婚でそれを奪った形になり、世間、とくに尊皇の浪士たちの憤激を買ったいきさつは、有吉佐和子さんの『和宮様御留』という小説を見てもわかります。

しかし、家茂は京からきたこの新妻を尊敬と愛情をもって遇《ぐう》したようです。家茂の人柄がよく、周囲の人々から敬愛されていたことは、侍医であった桂川甫周《ほしゆう》の談話にもとづく、その娘の手記（『名ごりの夢』東洋文庫）にも記されています。和宮が、京都からついてきた高慢な侍女たちが誰も家茂の履物を揃えないので、自分で縁側から飛び降りて揃えた――という勝海舟の目撃談があるように、和宮はわずかしか暮らさなかった家茂を愛して、心を開いていったようなのです。

昭和になってから発掘された家茂の遺体には、まだみずみずしい女性の黒髪がしっかり抱かれていました。和宮は、自分の「思い」を黒髪に托し若くして先立った夫の胸に抱かせたらしいのです。それは古代エディプトの若くして死んだツータンカーメン王のミイラの上に、王妃が載せていた花束を思いださせ、なおさら哀切でさえあります。

# 江戸の大火と放火犯たち

## 官民一体の防火体制がとられた

「天災は忘れたころに来る」と物理学者・寺田寅彦は言いましたが、一九二三年（大正十二年）九月の関東大震災から七十八年、一九四五年（昭和二十年）三月の東京大空襲から五十六年、東海地震または東京直下型地震の脅威が囁かれているようです。でも用心に越したことはありませんが、不吉な予想をくり返しているうちに、いつのまにかそれが実現しなければすまないような気になるのは奇妙きてれつな人間心理です。

しかし、地震のたびに大火が起きていた巨大都市江戸の住民たちにとって、少なくとも火事は「忘れたころ来る」ものではなくて、常に備えていなければならない災難でした。なにしろ、「木と紙」でできた都市ですし、冬期の空《から》っ風、夏期の落雷といった自然条件も今日以上に厳しかったのです。一六五七年（明暦三年）の大火では十万人以上が死亡したのみならず、その後の米や大豆の供給不足で、二、三万人の餓死者が出たと伝えられます。

度々の大火の教訓から、江戸の方々に幕府が設けた火除《よ》け地や、江戸の町々を縦横に流れていた堀割り、それに町民たちにも火の用心の心掛けがいきわたり、いたるところに防火用水が貯えられていて、落語の『二番煎じ』や『禁酒番屋』にみられるように町人たちが交代で番屋に詰め、または火の番を雇って「火の用心」と叫びながら拍子木を打って回る。さらに町奉行所の同心が巡回する、といった官民一体の防火体制がとられていました。

防火の手段が龍吐水《りゅうどすい》という人力の手押しポンプしかなく、大火の延焼を食いとめるには鳶口《とびぐち》預りの破壊消防に頼るしかなかったので、火災は再三、江戸城内にさえ及び、幕府は結局、焼亡した千代田城天守閣の再建をしていません。

それは軍事的意義がなくなっていたことと財政事情によるのですが、それに加えて現実的に判断し、あえて人々を苛斂誅求《かれんちゅうきゅう》してまで金ぴかの天守閣を再建して幕府の権威を示そうとしなかった徳川幕閣の決断は、福祉を切り捨てて、財政赤字をそのままにし、秦《しん》の始皇帝の阿房宮みたいな巨大な庁舎を建築する現代の首長に比較して、一体、どちらが、民主的で「市民本位」なのでしょう。

江戸城に火勢が迫ったとき、みずから火事装束を着て、防火作戦を督励するのが好きだったのは八代将軍吉宗です。火事装束好き将軍吉宗の前後では江戸の防火体制も、放火犯に対する処遇もすっかり変わっています。吉宗治下の享保期（一七一六―一七三六年）には、名コンビであった江戸南町奉行（のち寺社奉行）大岡越前守忠相の主導下に、「いろは四十八組」と呼ばれる町火消（市民消防）が組織化され、「御定書百箇條《おさだめがきひゃっかじょう》」という名の刑法典が整備されます。

## 「乱心」による放火犯への適切な処分

平成十年の消防庁の統計では、火災の原因の第一位は、放火です。江戸時代でも、寛文期（一六六一―一六七三年）から天和期（一六八一―一六八四年）にかけて、犯罪者の風儀が一変し、火災の混乱に乗じて火事場泥棒を働くという者が出現し、明暦、寛文の大火はその疑いがある、と江戸時代研究家の三田村鳶魚《えんぎょ》は述べています。

幕府は当初、火災に乗じて蜂起する政治犯の警戒に忙しく、そのため一般刑事犯の捜査体制に隙間があり、放火犯が暗躍することになり、その対抗策として寛文期に火付盗賊改が設けられました。これは文官系である町奉行所とは別に、武官として即断即決的に凶悪犯罪者を追捕するものです。

天和年間に入ってからは放火が激増し、市中は騒然たる状況になりました。一六八三年

（天和三年）、火付盗賊改に任命された中山解勘由《かげゆ》は、一種の軍事警察である火盗改の機能を利用して、厳酷な放火犯狩りをおこない、拷問を強行し、さらに八百屋お七（十五歳）、赤坂田町の商人の娘お春、伝通院門前の町医の丁稚喜三郎（十三歳）などまで火焙《あぶ》りの刑に処しています。戸田茂睡《もすい》という歌学者はその随筆『天和笑委集』で、解勘由の放火犯に対する取調べはあまり厳しくて、言わないうちは死ぬまで責めるというやり方であったので、火付でない者まで火付けに落ちてしまった者がある、と糾弾します。

放火のなかには時代によって変るタイプと変らないタイプがあり、江戸時代に多く、今日は稀なのは火事場泥棒で、江戸時代には皆無で、今日多いのが保険金目的の放火です。つまり江戸時代は銀行と火災保険のない時代でした。人々は現金を小判の形ででも小粒（銀）の形ででも自分で保管するほかはなく、衣類も貴重で古着屋が全盛の時代でしたから、火事場泥棒が活躍したのです。

火災保険と銀行がないということは、いったん火災に逢うと、かなりの商家でもそれまでの蓄えをすべて失って落ちぶれてしまうことになります。ですから、人々の放火犯に対する憎しみはそれだけ強かったのですが、幼い放火犯たちは火災の頻発で騒然とした江戸の町の不安を鎮めるための一種のスケープゴート（いけにえの羊）にされたのではないでしょうか。

放火犯のなかでも、怨恨による放火と心の病気による放火、さらに短絡反応とよばれる放火、といった動機は、江戸時代も現在も変らず存在します。お春の場合は、「温順な生まれつきでありましたが、当春になってふと発狂した。それを悪者が指図して付火させたのです」と鳶魚は書いています。喜三郎の場合もやはり心の病気になり動物の幻視などがある状態だったらしいのです。

この二例は、幼年であり精神障害だったらしいのに火焙りの刑になっています。八百屋お七の場合、火事で焼け出された際、避難先になっていた寺院で知り合い恋仲になった寺侍（寺院の書記役）の吉三郎と再会したいあまり、火事になればまた寺に避難できると考えて放火したという俗説がもしその通りなら、典型的な短絡反応としての放火です。つまり欲動からくる思いつきがすぐ実行に移されてしまうのです。

解勘由はこんな事例まで火刑にしたので当時から非難轟々《ごうごう》でした。それが享保、つまり吉宗と忠相の時代以後、様子はすっかり変っています。

一七九六年（寛政八年）、つまり松平定信の時代、武家屋敷に日雇に出ていた牛込の孫助は、「何の趣意もなくただ火が燃えるのが面白い」というので主人宅に放火したのですが、生まれつき知的障害で、計画的でもないというので遠島になっています。一八三〇年（天保元年）武州中村無宿の三平は、「野宿をしていて、淋しいから放火したら賑やかになるだろう」というので放火しました。この事件では吟味中病死ということになったのですが、本来なら遠島と裁決されています。

この場合も、もともと知的障害があったというので火刑をまぬがれています。これが明かに乱心（精神病）であることが明瞭である場合、放火でも、「寺預け」「親類預け」という軽い処分が選ばれています。もっともその際、親が娘を再び奉公に出し、奉公先で乱心が再発して放火した場合、今度は保護者が処罰されています。

放火は、今日でもその一〇——一二パーセントが精神障害者であると判定され、犯罪のなかでも最も精神障害と関係が深いとされています。今回精神保健福祉法が改訂され、精神障害者の保護者が、障害者に犯罪を犯させないように監督する義務が削除されました。しかしその場合、放火などの被害者の立場はどうなるのでしょう。この改訂が、被害者の損害賠償請求に対する防壁や隠《かく》れ蓑《みの》に利用されることはないでしょうか。触法精神障害者による放火に対する扱いの問題ひとつとっても、現代の日本が江戸時代に比較してどれだけ進歩しているのか、首をひねらされる場面が多すぎるようです。

# 「江戸の平和」と環境問題

## 閉鎖空間で謳歌した徳川氏の平和

大袈裟なおどろおどろしい予言をしておいて、実際にはなにも起きない、ということになると引っこみがつかなくなる、というのはよくあることです。「ノストラダムスの大予言」で、恐怖の大王が降臨すると騒がれた一九九九年七の月がやってきてみると、そういう予言をした人たちは一斉に口をつぐんでしまいました。しかし、ノストラダムスの世界滅亡の予言が、こんなに信じられているのは世界中で日本だけだ――とアメリカの週刊誌「タイム」は皮肉っています。

不景気な予言をし、災厄を予想するという心理は、「自己実現性の予言」といって、本当に災難を招きよせることもあるのです。考えてみればノストラダムスの大予言は、「火星（マルス）が当分世界を支配するだろう」と言っているだけです。

火星が「戦いの神」だということなら、一九九九年はコソボ共和国や、イラクや、さらにインド・パキスタン国境での武力衝突や爆撃が起きました。世界の歴史をふり返ってみれば、二十世紀の「アメリカによる平和」は、朝鮮戦争、ベトナム戦争、湾岸戦争のように、結構血腥いのです。

そのなかで、江戸時代の日本の平和ぶりはきわだっています。狭い閉鎖された空間のなかで前後三〇〇年にもなる平和を謳歌した時代は世界歴史のなかでも珍しい――と、明治大学教授の入江隆則氏（西尾幹二編『地球日本史②』産経新聞社）が指摘する通りです。

江戸時代はある意味では戦国時代や、「文禄・慶長の役」での朝鮮半島への出兵のあとの「戦後の時代」でした。安土桃山時代から徳川時代の初期、キリスト教を布教するという目的で日本に渡ってきたポルトガルやスペインの勢力と日本の関係についてみれば、豊臣秀吉や徳川氏による切支丹（キリスト教徒）弾圧の話ばかりが伝えられていますが、実は九州地方で、教会はキリシタン大名たちから土地の寄進をうけ実質上は植民地とし、住民である日本人を奴隷交易の対象にさえして、秀吉がそれに激怒したのが弾圧のきっかけになったことは案外知られていません。

そういうわけで日本は江戸時代にはとにかく「平和を守る」ということに勉《つと》めなければなりませんでした。いわゆる鎖国政策によって一定の空間、つまり日本列島のなかだけで平和に生きようしとたのですが、これは考えるほど簡単なことではありません。狭ければその領域はゼロサム状態（誰かが延びれば誰かが縮む）になりますから、却って争いが起きるのです。

徳川幕府は、ひとつには、この空間のなかで大名たちに改易《かいえき》（領地取り上げ）、国易《くにが》え（領国の移動）をおこない、そして参覲交代といって、領国と江戸を往復させることで、一方では大名領という形で政治と文化の独自性を保たせながら他方ではこれをゆるやかにかき混ぜる、という加減をしました。

こういうやり方は地球が狭くなり、宇宙空間に飛び出してみようにも、すぐには利用できる惑星は見つかりそうもない、うっかりしたら、「スター・ウォーズ」（宇宙人との戦争）をひき起こすかも知れない、という「宇宙船地球号」に乗っているみたいな二十一世紀の人類の平和のためのモデルになるということが注目されています。

## 自然保護、ゴミ処理にも優れていた環境政策

そのなかで、とりわけ重要なのは、環境政策です。「宇宙船地球号」という表現がされるようになったのは、このまま人類が戦争や環境汚染を続けていけば、地球上の全生物が生

きていけなくなる、私たちの地球をひとつの生命体（ガイア）として守ろう――という「ガイア思想」が生まれてきた二十世紀も世紀末になってからですが、鎖国と言われる政策で狭い空間に自分を閉じ込めた江戸時代の日本は、このガイア思想を実験していたようなものです。

江戸時代の初期はある意味での大開発時代で、数十年ほどの間に人口が三倍にふえ、開発も進み、その結果、河川や山林の荒廃が進みました。すると江戸幕府は直ちに政策を転換して一六六六年（寛文六年）に「山川掟」というものを出して自然保護に乗り出します。これが各藩に普及したのです。

今、日本各地に残っている人工林は、江戸時代に永い歳月をかけて造られたもので、世界各国から林業を学びにくる人は、多く、江戸の森林政策を勉強にくるのです。たとえば、秋田能代海岸の防砂林は、「日本の森百選」「森林浴百選」に選ばれて、観光客にも知られていますが、決して自然に育ったものではなく、江戸時代の人々が百数十年もの歳月をかけ、津軽藩と佐竹藩の武士、農民、役人、奉行などあらゆる階層の人たちによって、砂止めと黒松の植栽をおこなって、人工的に造り上げたのです。

都市問題のなかでももっとも重要なゴミ処理についても、江戸時代は世界に例のないほど完璧なリサイクルのシステムをもっていました。紙屑は漉返紙《すきがえしがみ》として再生したし、壊れた鍋釜は鋳掛屋《いかけや》が直しました。指物師《さしものし》は家具の修理屋を兼ねていました。陶器の壊れたのは焼継屋《やきつぎや》が直しました。江戸から地方へ古着の売買をする地古着問屋もありました。羅宇《らお》屋《や》は煙管の修理屋でした。灰屋と言って炭や薪から出る灰を集める商売もありました。人間の排泄物も高価な有機肥料として買いとられました。

古代地中海文明も黄河文明も、ほとんどすべての文明がその栄えた後には砂漠化が残りました。ところが江戸は、百万都市だったのに、緑地率が天保年間で四三パーセントもあり、四季の風景が美しかった。これは三代将軍家光の時期に、現在の東京二三区から埼玉、千葉、神奈川の一部が将軍の鷹場になったからでしょう。

初代将軍家康が鷹狩り好きで、鷹狩りは徳川将軍家の伝統となり、鷹狩りは農民にはかなり迷惑をかけるはずですが、家康は、慶長七年十二月六日付の「郷村掟」で鷹狩りの際に農民が彼に直訴《じきそ》することを許しています。放鷹《ほうよう》の機会に農民は「お代官様」の不正を直訴して罷免《ひめん》を求めることもできたのです。

つまり埋め合せはちゃんとしているのですが、それだけではなく、鷹場は木の伐採や土砂の採取が制限され、無用の殺生が禁じられていました。その結果、雉、鴨、赤鷺、コウノトリ、雲雀など多くの鳥や小動物が都市の近くに住んでいました。世界の大都市のなかでも江戸は特に自然が豊かだったのです。

それは徳川幕府の政策だけではありません。江戸時代に日本人の古くからの考え方を国学という形で研究した本居宣長（一七三〇―一八〇一年）は、『古事記伝』のなかで「尋常ならずすぐれたる徳《こと》のありて可畏《かしこ》き物を迦微《かみ》とは云ふなり」とカミを語り、そのなかに「鳥獣木草のたぐひ海山など」を含めています。

日本人の民俗心理のなかには、人間以外の生物（植物も含む）にも霊がある、と考え、その生命を大事にする考え方があったのです。そのうえ、空海や最澄の日本的仏教も「山《さん》川草木国土悉皆成仏《せんそうもくこくどしつかいじょうぶつ》」、山も川も草も木もそのままで成仏できるという考え方をするという特徴がありました。

そのおかげで江戸時代の日本は、狭い空間のなかで、平和を保ち、自然と共存する「徳川氏の平和（パックス・トクガワーナ）」を前後三〇〇年も保ち、地球が狭くなり、「宇宙船地球号」のなかでの生き方を考えなければならない今日にとって、参考になる社会と文化を保つことができたのでしょう。

# Ⅵ　近世——開国から維新へ

## 列強の来航による「出産時外傷」

### 列強の脅威と幕府の権威の失墜

江戸時代初期の一六四一年、オランダ商館を長崎の出島に移し、一般人との自由な交流を禁止したことでほぼ完成した鎖国政策は、一八五四年に結ばれた日米和親条約によって、ほぼ終止符が打たれました。

江戸時代の日本は言われているほどの「鎖国」ではありません。ただ、日本の国内外の平和を守るために、大航海時代の後のヨーロッパ諸国の進出と相剋に巻きこまれず、日本の自主性を保ち、安土桃山時代の海外侵略の失敗に学んで、侵《おか》さず、侵されずの政策をとったにすぎなかったのです。

しかし、その仕組みの下で徳川氏の平和（パックス・トクガワーナ）が三〇〇年近くもつづいたのはいわば「できすぎ」でした。江戸時代に書かれた文章や文学のなかには、「吹く風枝も鳴らさぬ御世」という表現がどんなに多いことでしょう。つまり、江戸時代の日本は、精神分析学の考え方で言えば、母親の胎内で羊水に漬かってぷかぷか浮いているような安楽な状態にあったようなものだということになります。

もちろん胎児はいつまでも胎内にとどまっていることはできません。いつか出産の日は必ずきて、子どもはそのときに激しいトラウマ（出産時外傷《がいしょう》）を経験するというのです。

その日本にとっての「出産時外傷」を体験させることになったのが日本近海への欧米諸国の艦隊の出没で、日本とはくらべものにならない近代的な装備をもった艦隊に圧倒された幕府はいやおうなく開国を迫られることになります。

その間、一八四〇年、イギリスのアヘン売りこみに抵抗する清国《しんこく》（中国）と、イギリスとの間で起こったアヘン戦争は、イギリスの圧勝で終わり、清国はそれまで以上に屈辱的な植民地支配を受けることになりました。

日本も近い将来、清国のようにヨーロッパ列強の植民地政策の標的になることは充分予想できましたが、当時の日本には、列強に対抗できる軍事力も政治力もありませんでした。これ以上鎖国政策をつづけることは不可能な状態でした。アヘン戦争の結果に衝撃を受けたオランダ政府は、徳川幕府に開国を勧める親書を送っていますが、幕府は「鎖国をやめるつもりはない」という回答をしています。

日本近海に外国船が頻繁に姿を見せるようになりました。一七九二年には、ちょうど十年前乗っていた船が難破して、ロシア人に救助された伊勢の船頭、大黒屋光太夫以下三人の日本人を乗せて、ロシア船エカテリーナ号が根室に停泊しています。一八二四年、イギリス船が日本を訪れ、上陸し乱暴を働いたことから、翌年幕府は異国船打払令を出し、外国船がきたらかまわず攻撃するように命じたのです。この令によって、一八三七年、アメリカの捕鯨船モリソン号は日本から砲撃を受けました。

鎖国下の日本でも、八代将軍吉宗はオランダ書の輸入を解禁し、それ以来、オランダ語の文献を通じて、主に西欧の医学、化学、天文学、軍事科学などを勉強しようという蘭学《らんがく》の研究が盛んになり、主に長崎出島のオランダ人商館に派遣されてきている医官（その代表的な人がシーボルトです）がその教師になりました。

そうして西洋の事情に触れ、新しい知識と考え方を身につけた蘭学者たちは、渡辺崋山《かざん》、高野長英《ちょうえい》、小関三英《おぜきさんえい》、伊東玄朴《げんぼく》らが「尚歯会《しょうしかい》」というグループを作っていました。

崋山や長英らは、モリソン号事件に対する幕府の対応を批判したところ、幕府は彼らを厳しく処罰したのです。これを「蛮社《ばんしゃ》の獄《ごく》」と言います。崋山は自殺に追いこまれ、長英は、永牢（無期禁錮）ということで拘禁されていた江戸伝馬町の大牢から、火事に乗じて脱走し、諸国の大名たちにかくまわれて、オランダの自然科学や軍事科学についての貴重な翻訳書を多く残しますが、最後には幕吏に追いつめられて自殺をとげています。

こうやって、外国の忠告や国内からの良心的な警告に耳を藉《か》さず、鎖国の建前だけを貫こうとした幕府には、外国の船艦を撃退する自信はありません。当時幕府が蘭学者たちの警告に耳を藉すどころか理不尽な弾圧を加えたのは、当時の老中水野忠邦とその側近鳥居甲斐守忠耀《ただてる》の偏狭な性格も大いに関係するでしょう。

そうやって国内的には弾圧を加えながらより強い外圧が加えられれば後退してしまう、という対応をとりつづけたことが幕府の権威を失墜させることになったことは疑いないようです。

## 開国による「目ざめ」と「屈辱」の体験

さらに一八四六年五月二十四日、アメリカのビッドル提督に率いられた軍艦二隻が浦賀に入港していました。

このときは日本に開国の意志があるかどうか打診にきただけですが、一八五三年（嘉永六年）にはアメリカ東インド艦隊司令長官ペリーが軍艦四隻を率いて浦賀に入港し、開戦準備を整えて、幕府を軍事力で威嚇《いかく》しながら開国を迫りました。幕府は開国はしたくない、とはいえ圧倒的な軍事力を目の前にして防衛手段がなく、対応に苦慮しています。

五三年には回答を引き延ばし、艦隊をいったん帰らせましたが、結局、翌一八五四年（安政元年）には「日米和親条約」に調印し、ついでイギリス、ロシアとも同様の条約を交わし、今度は、条約の調印に反対する者に弾圧を加えました。これが「安政の大獄」です。

そうやって対応を一日延ばしにすることばかりに気をつかい、しかも外国の事情に詳しい人たちを政権幕閣から斥《しりぞ》けために、条約は必要以上に日本に不利な、いわゆる不平等条約になり、それが無責任と言ってもいい排外主義（攘夷論《じょうい》）の火に油を注ぐことになる。それは今日にまで通じる日本の外交下手の病根の原点になったと言っていいでしょう。

このときのペリー艦隊の来航は、日本人にとっては文字通り、「出産時外傷」を体験させるようなものでした。当時の落首に、

泰平の眠りをさます上喜撰（茶の上喜撰と蒸気船をかけ言葉にしています）

たった四はい（これも四杯と四隻をかけています）で夜もねられず

というのがありますが、これは、ペリーの来航が、日本人の心に外傷をもたらし、それは一方では不安を、他方では目ざめをもたらすものであったことをよく表現していると言え

るでしょう。

こうして、欧米諸国の艦隊の来航によってそれまでの「鎖国下の平和」から無理矢理目ざめさせられた、という体験は、日本人にとって、一方では「目ざめ」であると同時に、他方では屈辱でもあり、さらにそれまでの母親の胎内でのような心地よいまどろみから目ざめさせられたという怨みの気持をも生み出しました。

西欧の文化と、とくにアメリカ合衆国に対する愛憎半ばする（両価的な）感情は、その後今日まで尾をひく日本人の心理になっていくのです。

## 幕末の男たちを支えた「妹の力」

### 「目ざめ」は志士・坂本龍馬、高杉晋作らを生み出した

一八五三年の米国ペリー艦隊の来航は、日本と米国との二つの文明のファースト・コンタクト（異星人との最初の接触）でした。

それは前述したように、日本人にとっては、母親の胎内から生まれ出るような「出産時外傷」で、「泰平の眠りをさます上喜撰たった四はいで夜もねられず」というくらいのショックでした。

相手のペリー提督も、遠征中の妻への手紙のなかで、「この遠征に何隻の艦船が揃うのか見当がつかない」などと不安を述べていて、やっぱり彼も睡《ねむ》れなかったのです。

しかし、泰平の眠りをさまされた日本の方は、それは大ショックで、トラウマ（心の傷）になるとともに、「目ざめ」のきっかけにもなったのでしょう。「目ざめ」の時代はまず若者たちの心を動かします。ペリー来航以来、一八六八年の明治維新までの十五年間の動乱

の時代は幕末の志士と呼ばれる魅力のある人物群を生み出しています。

幕末に登場した人物たちのなかで、歴史好きの人なら誰もが好意をもって迎える人物は坂本龍馬と高杉晋作の二人ではないでしょうか。この二人のほかに新撰組の沖田総司もファンからは好感をもたれているようです。この三人はいずれも夭折しています。若くして逝《い》ってしまうというのは、神がまだ自分の手から現世に渡しきっていないものを彼岸に連れ去ったという感じを与えるようです。

日本には民俗学でいう、「若宮信仰」という宗教観があり「若くして死んだ神の子」という観念があるのです。三人には、それとイメージが重なり合うところがあります。高杉晋作と沖田総司は敵と味方に分れて幕末を生きたわけですが、二人には肺結核で死んだという共通点があります。明治から昭和前半にかけ、優秀な日本の若者たちが結核に倒れましたが、二人はその嚆矢《こうし》だと言えそうです。

この三人のなかで、坂本龍馬と高杉晋作については、彼らの人柄として伝えられているおおらかさ、爽やかさが印象的です。こんな人たちがなぜこんなに早く死ななければならないのかという哀惜の念をかき立てます。坂本龍馬はまだ人々の忠誠心が自分の属している藩や、主君にだけ向けられていた時代、日本という国家、それも「世界のなかの日本」

の存在について意識しその利益を考えつづけた人です。

龍馬の忠誠心は土佐藩という一藩の領域を超えており、藩公認の商社であった「海援隊《かいえんたい》」の活動に見られるように、貿易による利益は国益であるという思想がはっきりあらわれています。また明治維新が新政の大方針を示した「五箇条御誓文《ごかじょうのごせいもん》」は龍馬が考えた「船中八策」を下敷きにしたものと言われています。それは龍馬の頭のなかにすでに立憲君主制という政治の「かたち」があったことを示しています。

龍馬は「尊皇攘夷派《そんのう》」の人脈のなかで生長した人なのに、絶対君主制としての天皇制という考えはありませんでした。彼は言葉としては知らなかったものの、デモクラシーの存在を直観的に見通していたのかも知れません。

龍馬と同じように高杉晋作もごく若いうちに病死したのに、その生き方を見ると非常に明るいのです。彼らの明るさはどこからきたのでしょう。

## 女性の愛に応え、さわやかに生きた男・龍馬

江戸時代は過失に対する「咎め立て」が厳しく、当事者がすぐ切腹させられる減点評価の社会でした。しかし、龍馬の場合は三人の姉たちが、晋作の場合は長州藩主の毛利敬親《たかちか》

や恩師の吉田松陰が、それまでの社会では考えられないほど愛情が豊かでした。二人とも、その過失を減点評価するのでなく、才能や長所を前向きに評価してその存在を見直してくれる周囲に恵まれていました。坂本龍馬は古い因習にとらわれず常に前向きに人生を考えていた人として知られています。

彼のこうした姿勢は彼がもっていた絶大な自信、自分に対する信頼感に支えられています。精神分析の立場からS・フロイトは、そういう形の信頼感は乳幼児期に母親（または母親的存在）に絶対的に愛されたという記憶によって生じると言いました。龍馬の姉たちは「この子はきっと大きな人間になる」と信じていました。だからこそどんな迷惑をかけようと、自分たちがそれを引き受け、彼をバックアップしつづけました。

フロイトは男の子と母親との関係において母親がそういう態度をとったとき、男の子は無限の自信をもつようになると述べています。龍馬の場合は、母親がわりの姉たちが暴れん坊で困った男だと思われても仕方がない彼を支えていました。

龍馬が脱藩し、土佐藩の制約を離れて、より広い世界に出ていこうとしたとき、姉の一人は夫に罰が下るのを避けるために離縁しています。もう一人の姉はお栄といい、すでに離婚した身でしたが形見として夫から貰い受けた家伝の刀を龍馬に与えました。龍馬の脱藩後そのことが藩に知れ、離婚した夫はお栄を責め、お栄は龍馬の脱藩について何も話してはならないという動機のために自殺しています。

彼女と龍馬の関係について私たちは中世説話の「さんせう太夫」を小説にした森鷗外の名作『山椒太夫』の、弟の厨子王を脱出させるために犠牲になった姉の安寿のことを連想します。

日本民俗学の生みの親である柳田国男は『妹《いも》の力』という論文で、日本人の男たちは、姉妹のもつ霊的な力に守られているという考えがあったというのです。龍馬の場合は妹ではなく姉でしたが、女きょうだいの力が乗り移ったと言ってもいいでしょう。

龍馬は二人の姉を犠牲にして脱藩したという過去があるのですが、どうしてこんな人が幕末という陰惨な時代に生きていたのかと思えるくらい爽快な人物です。

その後の龍馬の生き方を見て、「つくづくいい男だ」と思えるのは女性に対する態度です。龍馬は自分がしたことの責任は自分で引き受け、他人に転嫁するようなことはしていません。明確な自己主張をもち、どんなことについても自分の考えを明確にもっていました。とても「男性的」ですが、彼は姉たちを含め女性に守られて生きることを恥とせず、また女性を立てるということを知っていました。彼の姉たちに対する率直な甘えと感謝を示すいい手紙が今日でも残っています。

龍馬は日本で最初に新婚旅行をした男としても知られています。自分の妻となったお龍《りょう》を連れ、結婚の記念にと、四国・九州を旅しています。このお龍という女性は龍馬が京都・伏見の寺田屋で幕府方に襲われたときには体を張って彼の危機を救っています。このときお龍の通報を受けた龍馬は高杉晋作から譲り受けたピストルで応戦し、虎口《ここう》を逃れたといいます。

幕末の男性たちの多くが女性と対等、または対等に近い関係にあったように見えます。高杉晋作は一時、谷梅之助と名を変え、女性歌人として知られた野村望東尼《もとに》の平尾山荘にかくまわれていました。また同じ長州藩の木戸孝允《こういん》は桂小五郎と名乗っていたころ、なじみの芸者幾松に何度も危機を救われており、幾松はのち木戸孝允夫人になっています。

こういう例を見ても、日本の男性が生き生きとした時代は「妹の力」が発揮された時代であるということができます。幕末の男たちのなかでも女性たちの愛に支えられ、またそれに応えることを知っていた男こそがおおらかで、爽やかな生き方をすることができたのです。

# 「ええじゃないか」と明治維新

## 群衆が大挙してくり出した信仰の旅

日本人にとって「旅」とは何でしょう。明治以前の日本人は封建制度に縛りつけられて、とくに農民は一生、村を離れることもままならなかったと最近の歴史の教科書に出てくるようなことはありませんでした。

しかし、一歩住みなれた町や村を離れて旅に出るとなると主人の許可が必要だったり、国内旅行でも道中手形（パスポート）が必要だったりして、それはそれで結構、面倒なものだったのです。主人の言いつけや商用などをのぞいて、農民や町人でも、自分の意志で旅に出る理由としては、信仰の旅というのがありました。

中世の芸能であった能には「諸国一見の僧」というワキ（副主人公）の旅僧がよく登場します。僧侶でなくても、鎌倉時代に時宗を開いた一遍上人（一二三九―一二八九年）が念仏を唱えて旅する後を、多くの群衆が勇躍歓喜して踊りながらついて行っている有様が、

『一遍上人絵伝』という絵巻物に描かれています。

四国遍路などの巡礼とは別に、群衆が大挙して「信仰の旅」にくりだす、という集団的信仰現象としての「おかげ参り」は江戸時代にはくり返して見られました。

安土桃山時代、イエズス会の宣教師として日本に来たルイス・フロイスは、「平民でも、貴族でも、伊勢に参らない者は人間の数に加えられないかと思っているかのようである」と書いています。十二、三歳から十五歳ぐらいの子どもたちが親兄弟に黙って伊勢参宮をする例は各地にあったようです。つまり伊勢参宮は若者たちが一人前になるための関門、通過儀礼だと考えられていたようです。

また、娘たちだけがぬけ参りをするという例もありました。民俗学者の宮本常一氏（『伊勢参宮』八坂書房）は、長野県東筑摩郡山方村あたりでは、ぬけ参りと言えば娘に限られていたと述べています。

女性、子どもや雇人など正式に参宮をする機会を容易に得られない人たちはぬけ参りなどの方法でその志をとげたのですが、こういったことはあるとき、ある地域でなんらかのきっかけで起きると、それがその周辺に波及していって流行となり、非常に多くの参宮にかり立てるという現象を起こすことがありました。この現象が「おかげ参り」として知られる集団参宮です。

おかげ参りは、江戸時代に周期的に見られたのです。藤谷俊雄氏（『「おかげまいり」と「ええじゃないか」』岩波新書）は、これを四つの時期に別けています。(一) 前期：①慶安三年（一六五〇年）。(二) 中期：②宝永二年（一七〇五年）。③享保三年（一七一八年）。④享保八年（一七二三年）。(三) 中期：⑤明和八年（一七七一年）。(三) 後期：⑥文政十二・天保元年（一八二九・三〇年）。(四) 末期：⑦慶応三年（一八六七年）です。

おかげ参りは特殊な現象ですが、それだけに伊勢参宮の実態をよくあらわしていると言われています。

ぬけ参りの人々には巡礼のように白衣をつけている者が多く、高提灯をたててその間々に紙幟《のぼり》を立てて参る有様が祭のようだった。夜通しで道中する者が多く、群衆はだんだん熱狂的になりました。そして、「大神宮様のお札が降る」といったふしぎな話がつきものです。群衆の熱狂のなかで集団的な幻覚があらわれたのかも知れません。

「おかげ参り」の発端が子どもたちであることが多いのもふしぎです。「子どもはまだ現世には完全に渡されていない者」で、それだけ「神に近い者」だと思われていたのかも知れません。中世ヨーロッパでみられた「少年十字軍」（一二一二年）や、「ハーメルンの笛吹き男」（一二八四年）事件のように、熱狂的な群衆の旅も、まず、子どもたちが何かにとり憑かれたように動きはじめています。

## 「世直し」の象徴となった伊勢神宮

そして「おかげ参り」で動きはじめた女性、子どもを含めた群衆は、次第に、乞食のような人たちが多くなり、沿道の人たちは、「施行《せぎょう》」という形で路銀や食物を与え、宿をかしたりしたのです。宝永二年のときにも、伊勢の山田では町々で施行のための仮小屋をたて、赤飯粥、餅、あるいは銭、茶などを振舞いました。

群衆の圧力におそれをなしてやむをえずそうした、という理由もあるかも知れませんが、一体この施行はなぜこんなに大規模におこなわれ、四国遍路に対するお接待として今日でもおこなわれているのでしょうか。

宮田登・神奈川大学教授は、旅には「賜《た》べ」という意味が考えられ、旅は人から施《ほどこ》しを受けながらするもの、旅の人には施すもの、という観念が日本人の心の奥底にはあるのではないかと言います。

それは日本人の心の根っ子のところに原因があるのかも知れません。日本民俗学は、日本常民の心と暮らしぶりにはケ（日常）とハレ（祭）の両面がわりあいはっきり分けられるのが特徴だと言うのです。

ケ（日常）の日の日本人は、労働の日々が暦の示すところによって流れていきます。彼らは現実的で、宗教だって神秘主義的ではないし、超越的ではありません。ケの日にはふつう、酒をのむことはありませんし、とくに午前中歌を歌う（「朝歌をうたう」）ことさえ忌《い》まれたそうです。

つまりこれは「俗」と「正気」の系列です。しかし、その「裏」としてのハレ（祭）の日には「白酒《しろき》」「黒酒《くろき》」という米の酒がのまれ、酩酊《めいてい》の中で、人々は神楽《かぐら》のような芸能を通じて祖先である「神」と出合います。

祭の日には・神楽師ばかりでなくて放浪の山民が重大な役割を演じます。ハレの日は人々が「カミと出合う日」で、それが「聖」の日です。そしてケの日にハレの日にだけ許されるようなことをする者が狂人（タブレビト）と呼ばれたのです。そして、常民で、村人としても、他の人々と一緒にいられなくなる人は村を離れて流浪します。

そのなかにタブレビトがいたのです。そして旅の人、つまり放浪の小宗教家になることで、「ケ」の世界に生きていけない人も生きていけたのです。

能の『隅田川』や『花筐《はながたみ》』に出てくる女性たちは、「旅の人」として生きるのです。おかげ参りの人々を沿道の人たちが施行したのは、「参詣の旅」の人たちが、ハレと聖の系列にいると認められていたからです。ボロを着ていても「神に近い者」と認められていたからかも知れません。その行動が常軌を逸していてもそれだからこそ「聖なる者」として認められたのかも知れません。

そして、幕末になると、こういった民衆の集団的に常軌を逸《いっ》するという行動をむしろ利用して、これを世の中の仕組みを変え、社会を動揺させようという運動に利用しようという者さえあらわれます。

慶応三年の「ええじゃないか」は、「美女が降ったり」「大神宮様のお札が降ったり」し、「男が女になり、女が男になり、老母が娘になり、いろいろ化物にて大踊り」ということになりました。「ええじゃないか、ええじゃないか」という文句と、わいせつな言葉を加えて、太鼓、笛、三味線などの鳴物を加えて、老若男女の区別なく、華やかな衣服を着用して踊り回った、と言います。

そのなかには、金持に金品を出させることで「世直し」をしようという考えもあったようですし、徳川幕府に反対する活動家（「草莽の浪士」たち）が、故意にお札をバラ撒《ま》いてあるき、社会的な混乱をかき立てようとしたのだという説もあります。困窮した民衆を救うために世直しの一揆を呼びかけた大坂町奉行所の与力大塩平八郎の場合も、その檄文《げきぶん》の裏に伊勢大神宮のお札を貼りつけて配っています。

そういう意味では、伊勢神宮は幕末の人々にとっての「世直し」の象徴になっていたのです。

日本では近世（封建制度）から近代への移行が「主殺し」の「革命」という形をとらず、「王政復古」で「維新」という軟着陸の形をとることになったのも、そういう人々の心の底にある集団的な、無意識的な考えに根ざしているのでしょう。

# 「安政の大獄」とテロリストの心理

## 大弾圧をおこなった井伊直弼の反動形成

歴史のかわり目とでも言えるようなときにはそれを予告するような、予言者とでも言えるような人物や、群衆による集団的な行動が出現します。そんなときには、狂気と言ってもいいような、「普通でない」人物が社会の表面におどり出てくるものです。

日本近世と近代のはざま、幕末から明治維新にかけてが、やっぱりそんな時代だったのです。巷では、全国の津々浦々で、「おかげ参り」と「ええじゃないか」の騒ぎが起きているころ、一方では百姓一揆や、「世直し」の旗と伊勢神宮のお札を掲げて、窮迫した民衆を救おうと、とくに窮民の蜂起《ほうき》を呼びかけた大塩平八郎がいました。

大塩平八郎は号を中斎《ちゆうさい》という陽明《ようめい》学の学者でした。江戸時代を通じて徳川幕府公認の学問は、孔子、孟子いらいの儒学で、そのなかでも、朱子学が正統派とされていました。朱子学が政府公認の学問だったのに対して、これに批判的な陽明学というもうひとつの流れがあります。

陽明学は、宋代の学者王陽明《おうようめい》の流れをくみ、その著書『伝習録』の影響を受けていて、朱子学が孔子や孟子の書物についての理論と解釈を得意としたのに対して、知行合一《ちぎようごういつ》、つまり、学んだことはすぐ実践に移さなければならないと主張したのです。

陽明学は、決して、王様や統治者たちに都合がいいばかりの思想ではありません。それは、君主は「天」の命令をうけて、人々のくらしを守り、人々の正しい生き方を支えるためにできるかぎりの努力をしなければならないと教えています。政治が悪くて、人々が苦しんでいるようなときには、世直しのためになんらかの行動に出なければならないと考えます。ですから、陽明学派には熊沢蕃山《ばんざん》、大塩平八郎、佐久間象山《しょうざん》、吉田松陰など、その書いたものや行動によって幕府から処罰された人が多かったのです。

大塩平八郎は大坂町奉行所の与力で、もともと幕府内部の人でしたが、天保の大飢饉（一八三三年）以来、庶民が餓死したり、浮浪者となったり、生活の苦しみにあえいでいるのに一向に救済の手段を取ろうとしない幕府に業を煮やして、その四年後（一八三七年）反乱を起こしたのです。

彼の反乱は成功の見こみのない、いわば正気の沙汰ではない、とでも言えるようなものでしたが、その後一八五三年にはペリーが率いる米国の艦隊が浦賀に来航します。それ以後、尊皇攘夷（つまり、朝廷の指揮のもとに海外勢力の侵略を阻止しよう）を唱えるたいていは下級の武士たちと、一八五四年に日米和親条約に調印して何とか勝ち目のない対外戦争をしないですまそうとする幕府との対立がつづくのです。

そして「尊皇攘夷」を唱える志士たちがよりどころにしたのが、ひとつは陽明学と、もうひとつは水戸学と言って、平田篤胤《あつたね》などが唱えた日本の伝統的文化の価値と国家としての日本の優越を主張した国学、神道と儒学の混り合った思想に影響された、主に水戸藩の人たちでした。

水戸藩は幕府のご三家（つまり将軍を出せる主要な家柄）のひとつでしたが、徳川光圀が漢文で書かれた日本歴史である『大日本史』を編纂し、朝廷を尊重する思想を著《あら》わしてから、京都の朝廷に味方する、という傾向が強かったのです。

幕府も朝廷を軽く見ていたわけではなく、ペリーの艦隊をはじめ諸外国が日本にやってきて、開港、つまり貿易を要求したとき、どうしましょうかと朝廷に伺いを立てています。

しかしそれが、ペリーらに対する回答を引き延ばすための時間稼ぎという一面をもっていたのと、なお悪いことに、朝廷、とくに当時の孝明天皇のご意志が開国に反対であるということがわかり、しかも回答の期限が迫ったために今度は朝廷のご意志をふみにじる形で日米和親条約（一八五四年）、日米（蘭露英仏）修好通商条約（一八五八年）にあいついで調印し、しかも今度はそれを郵便（宿継奉書《しゅくつぎ》）で京都に報告するという極端なことをしたために、尊皇攘夷を主張する人たちが怒り出します。

そのうえ、光圀の子孫で水戸藩の当主である徳川斉昭《なりあき》が、朝廷の意志をふみにじったと、当時幕府の中心人物であった大老井伊直弼を責めたために、井伊は怒って、斉昭に蟄居《ちつきよ》（押しこめ）を命じたのみでなく、斉昭の一味と思われた人たちを片っ端から逮捕して処刑します。これが「安政《あんせい》の大獄《たいごく》」（一八五八年）で、吉田松陰、橋本左内、梅田雲浜《うんぴん》、頼三樹三郎《らいみきさぶろう》といった当時有名で、人々から敬愛されていた名士たちを虐殺したことになります。

もともと徳川幕府は良識的で、過激で大規模な反対派の弾圧などおこなったことはなかったのに、どうしてこんなことになってしまったのでしょうか。

当時の大老井伊直弼はもともと国学を学んだ人です。その側近で「安政の大獄」の企画者と目される長野主膳義言《しゆぜんよしこと》も国学者です。つまり「神ながらの道の信奉者」で外国ぎらいでした。その証拠に、外国通で国際派の岩瀬忠震《ただなり》、川路聖謨《としあきら》といった官僚を（他の理由もあってですが）辞めさせています。

べつに、伝えられているように、開国が正しく、時代は国際化に向っているという確信があったわけではないようです。もし平和のために、国際化を見こして、一歩一歩世論を動かし、朝廷を説得して手を打っていくということなら他にやり方があったはずです。

ここでもやはり浮かび上がるのは井伊直弼の、自分でも意識しない心理です。つまり、人間は自分が本当はやりたくないこと（開国）を、周囲の情勢（圧倒的な軍事的劣勢）のためにやらなければならず、それを説明することもできないとき、逆に、極端で衝動的な手段に訴えることもありうるのです。この「心の仕組み」は反動形成と言うのですが、もっと個人的、日常的なことでもそれに思い当たる人はいないでしょうか。

## テロリズムが政治的手段となったとき

いずれにしてもこの極端な弾圧のために、幕府はそれまで日本の心ある人々から受けていた尊敬と好意を一挙に失ったように見えます。一八六〇年には、水戸藩の尊皇攘夷派の人たちに、薩摩藩の（陽明学の影響を受けた）志士たちが結びついて、「桜田門外の変」が起き、井伊大老は暗殺されます。その後の事件処理で、直弼の出身藩である彦根藩は長野主膳を処刑し、方針を一挙に転換します。つまり「暗殺に効果があった」のです。

それで結果としては「味を占めた」ことになり、とりわけ京都と江戸では、全国から集まった「尊皇攘夷の志士」たちによる開国派、佐幕派と見做された公卿、武士、要人、知識人たちの暗殺が流行します。これに対抗して、幕府側のテロリスト狩りの特別警察である新撰組が作られ、相互に血で血を洗うようなテロリズムが反復されることになります。

そのなかで、当初は反テロリスト組織であった新撰組も「尊皇の志士」たちも相互に似たようなものになります。つまり新撰組は、隊員や隊を改組しようとした連中と「内ゲバ」とでも言えるような殺し合いをおこない、清河八郎、芹沢鴨《せりざわかも》、伊東甲子太郎《かしたろう》ら開設当時の幹部が次々と殺されます。

尊皇攘夷派の方も、桜田門外の変に集まった人たちは純粋な、知識人が多かったのに、その後京都に集まったテロリストには、土佐藩の岡田以蔵《いぞう》、肥後の河上彦斎《げんさい》、薩摩の田中新兵衛のように人を切ること自体が目的であり、それに熱中し、快感を感じているとしか思えない、連続殺人とでも言えるような人たちが登場します。

どんな宗教的・政治的・哲学的目的があっても、いったんテロリズムを戦術として採用し、殺人が政治的手段となったならどこまでいくか、発端は大まじめで純粋であった幕末の志士たちの運命が、私たちにそれを示しているように思えます。

# 大政奉還と徳川慶喜の心理

## そのとき将軍はどう動いたか？

歴史がどう動いていくか、という「流れ」はふしぎなものです。多くの場合、経済や、政治、軍事の大きな流れがあって、個人のやりかたなどはしょせん、それを変えることはできないのだ、という言い方もできますし、たしかにそういう一面もありそうです。しかし歴史の節目、節目を見ていくと必ずしもそうとも言いきれないのです。

時代の「流れ」を決める決定的瞬間というものがあって、そのとき力をもっていたキーパースン（鍵になる人物）がどんな人格をもっていて、どんな動きをしたか、ということがとても重要です。あとになって考えてみれば、そんなことははじめからわかりきっているようでも、詳しく、顕微鏡で見るように、あるいは死体を剖検《ぼうけん》するようにその「肝腎なとき」の「肝腎な人物」の動きを追跡すると、「ああ、やっぱり」という感じを強くもたざるをえないことがあります。

そのキーパースンは、自分のおこなっていることの動機を、自分ではっきりわかっているとは限りません。心の奥に、幼児期からの、あるいは多少は遺伝的にももっている傾向が、その人物に、そういう行動をとらせるということもありそうです。それはなにも政治に限ったことではありません。私たちの身辺の、企業や家族の運命にも、そういうことはありそうなのです。

日本近代史のいちばん大きな「節目」の一つが明治維新（一八六八年）とそれに先立つ、徳川幕府の崩壊であったことは誰も異論のないところでしょう。徳川幕府の崩壊は、「幕藩体制と鎖国政策の矛盾」が原因している——と教科書にはそう書いてありますし、皆、何となくそうかなあと思っているのですが、そのとき、徳川幕府を支配していた将軍たちのリーダーシップがどうだったか、ということを考えてみる必要があります。

比較的良識的な人が多く、「暴君」がいなかった徳川将軍家がおかしくなりはじめたのは、十一代将軍家斉《いえなり》（一七七三—一八四一年）のだらしない生活と、だらしない統括からでしょう。彼はなんと四十人の側室をもち、十六人の女性に男二十八、女二十七、併せて五十五人もの子どもを産ませています。男の子たちは諸大名に養子に出しました。

それで徳川家の大名支配力が強くなったかというと必ずしもそうではなく、「正統の嫡子《ちゃくし》に相続させるべきだ」という主張する一派と「養子を迎えることで幕府の支援を得よう」という一派の対立によるお家騒動の種になったり、とくに前者の幕府に対する「恨み」を蓄積させることにもなったようです。

家斉はそんな子福者だったのに、孫の十三代将軍家定はどうも子どもの作れない身体だったらしく、その後継をめぐって水戸徳川家出身の一橋慶喜《よしのぶ》と、紀州家の徳川慶福《よしとみ》との間に紛争を生じます。このとき、慶福側に立った大老井伊直弼が慶喜の父、徳川斉昭と対立したことと、日米和親条約に調印すべきかどうか、という対立が二つ重なって、国内を二分するような衝突を生み出したのです。

慶福改め十四代将軍家茂（一八四六―一八六六年）は、孝明天皇の妹、和宮を正室に迎えますが、和宮には有栖川宮熾仁《たるひと》親王という許嫁《いいなずけ》者があり、そのことも「尊皇攘夷派」の憤激の種になります。善良な性格の家茂は、和宮にも、宮廷にも誠意をつくします。その結果、朝廷からできもしない攘夷（外国勢力撃退）の決行を約束させられたうえ、攘夷祈願のための石清水行幸に随行することになり、板挟みになった状況で、わずか十八歳でなくなります。脚気衝心（ビタミン$B_1$不足による心臓障害）ということになっていますが、ストレスからくる心不全の要素もあったのでしょう。

## 慶喜の「家族的無意識」が体制を崩壊に導いた

そのあとを嗣《つ》いだ十五代将軍慶喜（一八三七―一九一三年）は、結局、大政奉還をおこなって、徳川幕府に終止符を打つことになるのです。彼の軌跡は一九九八年のNHK大河ドラマ「徳川慶喜」で描かれましたが、彼の場合、本心のところでいったい何を考えていたのか、気が知れないという人が多いでしょう。

彼が幕府と日本の運命を見通して、自発的に政権を朝廷に委譲したのか、と言えばどうもそうは思われません。当面の状況を客観的に見て、八方よかれと思いあちこち手を打ち、ついでに自分のサバイバル（生き残り）をはたした、ということになるのでしょうが、彼の方針に「ぶれ」が大きいために、彼のその時々の方針に追従していた人たちは裏切られ、棄《す》てられる形になるのです。

慶喜は、一方では、水戸徳川家がご三家のひとつとして、多年の願望であった将軍家の相続をはたしたのです。家茂との継嗣争いの当時から、慶喜は「年長英明の公子」として期待されていました。将軍となってからの彼は、軍事改革を中心に幕政の立て直しをはかり、かつ、幕府を中心に諸大名を統合して日本を「統一国家」として、近代化をはかるという計画を押しすすめ、その点では「討幕の志士」たちからは警戒され、怖れられる存在だったのです。

他方では、彼は「尊皇攘夷派」がよりどころとしていた徳川斉昭の子として、水戸藩が光圀以来抱いていた皇室を尊ぶという伝統を引きついでいるのではないかと考えられ、彼らから期待をかけられてもいたのです。

水戸藩の内部抗争に破れた天狗党と呼ばれる尊皇攘夷派は、そのころ京都にいた将軍就任直前の慶喜に直訴するために、水戸から京に向かい幕府側の抵抗を排除しながら敦賀まできたのですが、慶喜は彼らの討伐を命じ、天狗党は降伏後味噌蔵に監禁されて残酷な取り調べを受けた後、処刑されています。

慶喜が大政奉還を言い出したのは、土佐藩主山内容堂の助言によるもので、どうせ反幕府派には政権担当能力はないから、いずれ朝廷と大名たちの会議の議長として自分が日本の改革をやるのだという意気ごみがあったように思われます。それを逆手にとられて、政権を完全に失うことがわかり、怒った慶喜は、薩摩、長州、土佐の諸藩を中心とする反幕派に戦いを挑みます。

この鳥羽・伏見の戦いに破れた後、大坂城にいた慶喜は、将兵たちを置きざりにしたまま軍艦で江戸に帰ってしまいます。その時点では幕府の海軍は無傷でした。勘定奉行の小栗上野介忠順《ただまさ》は、慶応の幕府軍近代化計画の推進者でしたが、抗戦を主張して慶喜に罷免され、その後群馬県の知行所に帰っていたところを官軍によって謀殺されます。彼も新撰組近藤勇以下の隊士たちも、どうも慶喜に見捨てられたと知ったとき、どう思ったでしょう。

慶喜には水戸家に伝わる二つの家族的無意識、つまり光圀以来の朝廷尊崇と家康以来の徳川家の当主としてその血を引いているということの板挟みになって、その二つが交互に意識の表面に出てきたようです。

不徹底な「改革派指導者」としてちょうど天安門事件がなかったら鄧小平《とうしようへい》もたどったであろう道をたどって、体制を崩壊にみちびいたのでしょう。

政治家としてはそのように不徹底な人でしたが、慶喜はその時代の「食の文化小革命」を担《にな》いました。つまり彼は将軍就任前から、豚肉、それも西洋風に料理した豚肉が好きで、「豚一様」（豚の好きな一橋様）と呼ばれていました。ワイン通でもあり、フランス産の葡萄酒の味がわかり、飲みわけることもできたようです。つまり、七世紀、天武天皇が詔勅で肉食を禁止されて以来の「肉食のタブー」を支配者としてはじめて破った人でもあったのです。

# Ⅶ　近代——新しい時代の変動のなかで

# 戊辰戦争と会津の女性たち

## 状況認識と対応を誤った松平容保と会津藩

明治維新は、十五代将軍徳川慶喜が大政奉還という形で政権を朝廷に返上し、それまでどこの国でも王朝の交代のときにはつきものだった旧王朝一族の処刑がみられませんでした。その意味では「無血革命」でしたけれども、やはり「内戦」は伴いました。鳥羽・伏見の戦いにはじまって五稜郭《ごりょうかく》の戦いが終結するまでの、官軍（討幕派）による全国平定戦を戊辰《ぼしん》戦争と言います。

一八六八年（明治元年）、勝海舟と西郷隆盛の会談によって江戸城が無血開城され、これを不満とする彰義隊《しょうぎたい》（旧幕臣ら）が上野に集結して敵対行動をとりました。参謀大村益次郎の緻密な作戦によって官軍はこれを一日で鎮圧します。しかし、その後、官軍に抵抗した会津藩の救済を嘆願していた諸藩が奥羽越列藩同盟を締結して新政府に対抗します。官軍は東北に侵攻し、東北戦争がはじまります。

その後戦争は、長岡藩・会津藩が敗北しても、なおつづきます。新政府への戦艦引き渡しを拒否した海軍副総裁榎本武揚《たけあき》は、品川から旧幕艦隊を率いて北海道函館の西洋式城郭五稜郭を拠点に蝦夷《えぞ》共和国を樹立します。官軍は一八六九年、五稜郭に総攻撃をしかけ、五稜郭を陥落させて、内戦はようやく終ったのです。

東北戦争の発端は、会津藩に無条件降伏を求める討幕側に対して、会津藩はこれを条件闘争にもちこもうとし、東北諸藩がこれを後援して奥羽越同盟というのを作って対抗したことにあります。一時は会津若松に、上野寛永寺の門主だった法親王が亡命し、一種の臨時政府みたいなものができていたことさえあります。

元来、会津藩が討幕軍から敵視されたのは、尊皇・佐幕の争いが激しかったころ、会津藩主松平容保《かたもり》が京都守護職、つまり幕府を代表して京都の治安維持に当る責任者に任命されたことにあります。当時、討幕を唱える「志士」たちのテロリズムがあまり激しかったので、容保はやむを得ず、近藤勇、土方歳三、芹沢鴨、沖田総司といった剣客たちを集めて特別警察隊新撰組を編成して対抗させます。こうなるとテロリズムと逆テロリズムの集団はおたがいに似てきて、新撰組の方も薩摩、長州、土佐藩士や浪人たち討幕派に対して、手荒な逆テロリズムをおこなうことになります。同志の多くを虐殺された薩摩・長州・土佐藩が今度は政権を握る側に立ったのですから、容保が責任を追及されるのはありそうなことで、会津藩はよほど慎重な対応が必要だったのです。

ところが容保は、どうも自分のおかれている状況がよくわからなかったようです。それは彼が守護職当時、ときの孝明天皇からきわめて厚く信任され、容保を第一に頼りにするという直筆のお手紙（宸翰《しんかん》と言います）まで頂いているからで、彼はこれを後年まで竹筒に入れて首から提げていました。

容保は、朝廷の財政が乏しかったことを気にかけ、相当の費用を使って、若狭から新鮮な魚を運んできて、献上しています。なかでも帝の喜ばれたのは塩鮭で、それを召し上がった帝は、「これは容保の鮭か、残しておけ、晩酌の肴にする」と言われたそうです。司馬遼太郎さんの筆にかかると、「余程ご未練だったのだろう、二度言われた」（『王城の護衛者』）という印象深い描写になります。

当時は帝王の食膳にはタブー（禁忌《きんき》）があり、塩鮭などなかなかお口には入らなかったのです。精神分析の創始者、S・フロイトは、君主の生活についての細かなタブーは、臣下の者の無意識の復讐だと言っていますが、本当でしょうか。東北の武家だった会津の人たちはそれを知らなかったからこそ、帝との間に人間らしいつながりをもつことができたのかも知れません。容保はそれほど帝から信任されていた自分が「朝敵《ちょうてき》」になってしまおうとは夢にも思えなかったようです。

しかし、会津藩のおかれていた危険な立場は当時から内部の心ある人たちにはわかっていました。筆頭家老の西郷頼母《たのも》は京都守護職就任自体にはじめから反対でした。容保の側近であった神保修理《じんぼしゅり》は、鳥羽・伏見の戦争の直後に、討幕派との和解を唱えたというので、江戸の藩邸で切腹させられています。討幕側でもとりわけ、長州藩出身で奥羽鎮撫《ちんぶ》総督府参謀であった世良《せら》修蔵のように、仙台や会津を敵視し挑発することを楽しんでいたような者もあり、彼は暗殺され、それが戦争の引金になります。

会津藩が挑発にひっかかったのは戦争気分に興奮していたほかに、恭順《きょうじゅん》（討幕派への譲歩）に必要な妥協をする勇気がなく、とくに責任の追及をされることを恐れ、一度勝てば、どうにかなる、とずるずると抗戦をつづけたということもあるのではないでしょうか。徳川氏への多年の恩顧に殉じたといっても、徳川宗家一族の身柄は慶喜以下官軍の手中にありました。もし奥羽越同盟軍が優勢になれば身柄の安全は保証されなかったのです。

## 戦乱のなかで自立していった女性たち

討幕軍は、長岡藩を潰滅させたあと、四方の国境から会津に迫ります。この後、会津の武士たちとその一家が示した悲壮な抵抗はよく知られています。

とりわけ傷ましく、かつ私たちを唖然《あぜん》とさせるのは、女性や子どもまで、一家を挙げて藩に殉じた人たちのなかには恭順派、つまり和平派の一族が相対的に多かったことです。会津武家屋敷で、少女たちまで、一家の女性たちが全員自決したことで知られる西郷頼母、十二、三歳の少年たちを含めて全員が戦死した国産奉行河原善左衛門一家。さらに、あの神保修理の若妻の神保雪子は、薙刀《なぎなた》をふるって討幕軍の銃口に立ちむかい、泪橋《なみだ》の戦いで戦死しています。おそらく、和平派だったからこそ、敵に通じていると思われたくない、後指を差されたくない、という気持が働いたのでしょう。

しかし会津藩はその後降伏して、容保は命を助かり日光東照宮の宮司になります。抗戦派の頭目だった佐川官兵衛は、一八七七年（明治十年）、西南戦争の際、警視庁の巡査隊に加わり、田原坂《たばるざか》の戦いで戦死しています。どうでしょう、この成り行きは第二次世界大戦前後の日本の動向に似ていないでしょうか。

あの戦争でも、米国との開戦をできるだけ避けようとした海軍の条約派と言われる良識的なグループのなかで退役させられず残っていた提督たちは、連合艦隊司令長官山本五十《いそ》

六《ろく》、軍令部次長伊藤整一をはじめ、戦死を遂げた人が多いのです。主戦派の陸軍の首脳や、海軍でも主戦派といわれた艦隊派の将官たちは、その多くが戦後戦犯裁判の犠牲となるまで生き残っています。

しかし、一見、受身に、藩に殉じて犠牲になったと思われる会津の女性たちのなかには、実は芯《しん》が強くて、それも戦争を通じて、鍛えられ、「自立した」女になった人たちが見られます。会津娘子軍《じょうしぐん》の先頭に立って奮戦し、最も強くて、敵兵は斬り合いでは適《かな》わないので銃弾を浴びせて射殺したという中野竹子と、その妹の優子は、江戸から引き揚げて会津に住んでいたときから、美貌と武芸で有名でしたが、竹子には、夏場に行水をしているところを男たちが覗こうとし、薙刀をふりかざして追いかけてこらしめたという威勢のいい話が伝わっています。グーベル銃を抱えて狙撃兵として敵兵多数を倒した山本八重子は、その後キリスト者新島襄《にいじまじょう》の妻となり、兄山本覚馬《かくま》とともに、同志社大学の創立を助けます。藩士の娘の、山川捨松は新政府に選ばれて最初の遣米女子留学生となり、その後、大山巖《いわお》夫人となって鹿鳴館の花形になります。

戦乱のなかで、男たちも、政府も、守ってやれなかった女性たちは、自立して、たくましい女となって明治の新しい時代を切り拓《ひら》く先頭にたったのです。

# 精神医学からみた維新の英傑たち

## 理想の上司は「西郷どん」？

リストラという名のダウンサイジング（人員削減）がすすめられていて、平成十二年三月末の完全失業率は四・九パーセント、男性だけについて言えば五パーセントを越えています。そんななかで、勤労者のストレスが高まっているようで、特に四、五十歳代のサラリーマン男性の自殺者数が激増しています。

しかし、具体的な事例を調べてみますと、たとえば、「もとの勤め先の本部長が自分の転属希望を叶えてくれなかった、あの上司のために自分は人生を狂わされた」と退職後も恨みに思って、この元上司を殺害して自殺したという管理職サラリーマンの場合に見られるように、自殺・犯罪・心の病気など、深刻な結果になるのは職場での対人関係、とりわけ上司との関係がこじれた場合が多いようです。

これは、入社したての若者でもヴェテランでも、どんな上司につくか、ということが職場人生のアメニティ（快適度）を決めてしまういちばん大切な要素だと言っていいくらいかも知れません。

「理想の上司」とはどういう人でしょう。弘兼憲史氏の劇画の登場人物「課長・島耕作」などという人を挙げる人もいそうですが、実在の歴史上の人物では、「西郷どんのような人」が日本人には伝統的に人気があったようです。

西郷隆盛（一八二七—一八七七年）は、旧称吉之助、号は南洲《なんしゅう》と言いました。一八六八年（慶応四年）、大総督府参謀として東征、勝海舟との話し合いで江戸城の無血開城を果たさせました。陸軍大将、参議になるのですが、一八七三年（明治六年）、征韓の議が入れられないというので退官して帰郷、一八七七年（明治十年）、私学校（隆盛の私立学校）党に擁せられて挙兵したが敗れて自刃しています。

彼は明治維新を達成するための中心人物で、つまりは辛亥《しんがい》革命の孫文や、アメリカ独立戦争のワシントン、ロシア革命の際のレーニンに相当するような「英雄」でした。

彼について伝えられているのはその度量の大きさです。「まるで釣鐘《つりがね》のような人で小さく叩けば小さく鳴る。大きく叩けば大きく鳴る」と評されていました。古い体制を倒し、新しい日本を作るための雄大な構想と目的をもち、その過程では度々の迫害にあい、島流しの目にあってもくじけない確乎たる信念をもっています。そして、幕府を倒すためには、辛辣《しんらつ》な謀略も使います。

正義感が強くて不正を許せない反面、度量が広く、とりわけ若い志士たちを薩摩藩の内外を問わず、その能力に応じて縦横に使いこなしています。その一面、義理固い人情家で、京都で尊皇攘夷の運動をしているうちに心をうちとけあって同志になった僧侶の月照《げつしょう》が、幕府に追われて薩摩藩にのがれてきたときには身を挺《てい》してこれを庇《かば》おうとするのです。庇いきれなくなって、二人で小舟から薩摩湾に投身しますが、彼は救われています。

彼は写真嫌いだったらしく、風貌の正確なところは伝わっていません。それでも上野公園にある銅像に見るように、容貌魁偉《かいい》で、顔も身体も人並はずれて大きかったようです。構想力のある英雄で、人物を見込めば細かいことは言わずに仕事を委せ、そして責任だけはしっかりとってくれる。そしてこういう人物が示す、ときたまの優しさ、涙もろさが揃っていて、こういう人物と一緒に大仕事をやろう、ということになったら、青年たちはそれこそ中毒になったように惚れこんでしまい、この人のためなら生命を投げ出してもいいという気持になったかも知れません。

文芸評論家の大宅壮一氏は、西郷のような人物は麻薬のようなもので、陶酔すると身を滅すまでついていきたくなると、ちょっと皮肉なことを言っています。

## 西郷隆盛、大久保利通、木戸孝允の気質とその運命

西郷の肥満型の体格、人情味、気配りの細やかさ、それに、人生に起伏があり、活躍の時期と引きこもりの時期が交代する。自殺未遂、それも当時の武士としては珍しい投身による自殺未遂の既往がある——というところは病跡学（精神医学的な、傑出人物の研究）の立場から見れば、気分に波がある循環気質の持主で、人生において何回か、躁と鬱の時期を交代していると言えるかも知れません。

明治六年、とつぜん退官帰郷したのも、当時の事情を検討してみると、征韓論（朝鮮の排日、鎖国の態度に対し西郷はみずから遣韓大使として韓国に赴《おもむ》いて、説得しようとした）を主張して敗れたから、というよりも、どうも明治維新をやってはみたが、自分の理想とした政治がおこなわれず、藩閥と政商の私利私欲が横行している。むしろ自分が韓国に行って虐殺されれば新しい道が開ける、と思ったのかも知れません。

西南の役（明治十年）では、彼はむしろ私学校党の若者たちの蹶起《けっき》に身を委ねるようにしていて、明治維新の際の謀略家の冴《さ》えは見られないのです。そして、村田新八、桐野利

秋、篠原国幹《くにもと》のような惜しい人材が隆盛に殉じて運命をともにしています。

維新の過程を通じて、西郷と楯の両面のように活動した薩摩藩士で、明治維新のもう一人の功臣大久保利通（一蔵、一八三〇―一八七八年）は、厳格で、理づめで、クールで、そういうところが版籍奉還、廃藩置県など旧武士階級に大きな犠牲を強《し》いる、血の出るような改革には向いていたかも知れません。

彼は国際情勢などを現実的に考慮したうえで征韓論に反対し西郷と決別していますが、西郷が自刃していくらもたたないうちに、暗殺されています。彼が内務卿《きょう》を務めていたときには冷厳で、部下の過怠《かたい》を許さず、彼の靴音を聞いただけで府内は粛然として鎮《しず》まりかえったといいます。彼のように、身体は細長型で、合理的で、クールで、人情にほだされることが少なく、信念を貫く、というタイプは、内向的な分裂気質という性格に相当するといえるでしょう。

しかし、明治の官僚社会のなかで立身していったのは、多くは大久保の系列に属し、その薫陶《くんとう》を受けた人たちでした。

西郷が肥り型の循環気質者だとしたら、薩摩藩と並び、拮抗《きっこう》しながら明治維新を推しすすめていった長州藩の桂小五郎こと木戸孝允（一八三三―一八七七年）は、鬱病になりやすいもうひとつのタイプ「メランコリー親和型の前鬱性格」というのに相当するかも知れません。

若い日の桂小五郎は剣客でしたが、もう刀で斬り合いをする時代ではないとさとってからは、刀はあまり抜いていません。抜群のカンで新撰組との場面はできるだけ避けています。彼はいわば明治維新の長州側参謀長として、機略縦横の作戦をくりひろげるのですが、とりわけ長州の渉外係として、薩長連合を作り上げるのに活躍し、維新が成ってからは、政府内の開明的進歩派の代表として明治政府による近代化の先頭に立ちます。

彼は西郷とはちがって、細長型の体形で、とくに、晩年は病気がちでした。性格的には「几帳面で、律儀で、有能で、何事もキチンとしていなくてはすまない気配り人間」という、「前鬱性格」であったようです。こういう人間が自分が思い入れをしていたものを失うと、鬱状態におちいり、悲観的になり、気力がなく、引きこもり状態になることがありえます。

彼は少年期に姉が死亡したとき、青年期、蛤御門の戦で長州藩が会津＝薩摩の連合軍に敗北したときの二度、そういう状態におちいっています。これらは失意のときですが、彼が維新の功臣となり、明治維新の高官となってからも、そういう状態にたびたびおちいり、政府に出仕せず、とじこもってしまうことがありました。西郷と同じ「革命家の幻滅」を彼も味わったのかも知れません。

そして西南戦争で、西郷が政府軍によって包囲されたという報を聞いて、木戸も「西郷、もういい加減にせんか」と弱々しく呟《つぶや》いて、息を引きとった、と伝えられています。

維新の英傑だって鬱状態になるのです。まして現代人が一回、鬱病になったくらいで、自分はもう駄目だと思ってしまってはおしまいです。

## 「明治一代女」と女性犯罪者たち

### 注目を集めた「二つ名」のついた女性犯罪者

「恨むまいぞえこの世のことは仕掛け花火に似たさだめ」というのは、『明治一代女』という新派のお芝居と、それを題材にした歌謡曲の一節なのですが、その「明治一代女」は、実在の人物で花井お梅という殺人犯でした。

彼女は、美貌の芸妓として知られていたのですが、今日から見るとどうも「気分易変性性格」または「衝動性人格障害」というのに相当したのであろうと思われます。つまり気分屋で、気が変りやすく、カッとなったら抑制がきかない、という性格で、それでいて情愛が深く、情熱的で、という女性の困ったところと魅力的なところを兼ね備えていたように見えます。

そういうわけで周囲とも実家ともトラブルを起こすことが多く、さらに交際していた旦那（パトロン）とも争い、犯行当日も包丁を持って飛び出すところを、とめようとした出入りの箱丁《はこや》（芸者の世話係）の峯吉ともみ合いになって、つい刺してしまった――というのが、関係者からの直接の聞き書きをした新聞記者篠田鉱造（『幕末明治女百話』角川書店）の記述です。

しかし、一八八七年（明治二十年）に起きたこの事件は、江戸から東京に変ったばかりの町の大評判になりました。ひとつには、成立したばかりのジャーナリズム、とりわけ小《こ》新聞といわれた社会面中心の新聞が、幕末から明治にかけて活躍した戯作者（風俗を面白おかしく書き立てる小説家）出身の仮名垣魯文《かながきろぶん》（彼は文明開化の時代を多様に描き出した小新聞の花形記者でした）などの筆をかりて、面白おかしく書き立てたからです。

明治の初期から中期にかけては、高橋お伝、蝮《まむし》のお政、夜嵐お絹――と綽名《あだな》で呼ばれる女性犯罪者たちが、世間の注目を集め、ときには英雄視される時代でした。つまり明治初年という時代を女性として代表したのが、これら女性犯罪者たちだったからこそ、彼女は「明治一代女」として人々の記憶にとどめられることになったのでしょう。

江戸時代の中期から後期、さらに明治の初期にかけては、「白子屋お熊」「妲己《だつき》のお百」といった「〝二つ名〟のついた女性犯罪者」が人々の注目を集めています。彼女たちは実在の人物ですが、歌舞伎、文楽、講談などの材料になってその虚像が世の中にひろめられます。そして彼女たちの人間像を「下敷き」にして、悪の華のような女主人公が歌舞伎に登場することになります。

この種の役割が最初に歌舞伎に登場したのは一七九二年（寛政四年）、増山金八の『大船《おおふな》盛鰕顔見勢《もりえびのかおみせ》』だと言われていますが、これは切見世《きりみせ》の女郎が女官に変装して新田義貞の館に押しかけるという芝居です。その後、五世鶴屋南北《なんぼく》が土手のお六・うんざりお松など「悪の華」みたいな女性を次々に登場させます。その後、うわばみお由、蝮のお市、鬼神のお松、ざん切りお富、御守殿おしま、といった女賊たちの系譜は、明治になってからも、河竹黙阿弥《もくあみ》の芝居のなかで活躍します。

大正・昭和になってからも、吉川英治の『鳴門秘帖』の見返りお綱、林不忘の『丹下左膳』の櫛巻お藤、三上於兎吉《おときち》の『雪之丞変化』の軽業お初、といった時代小説の中の「女賊」の役どころがある、と小泉喜美子さん（作家）は述べています。近年ではテレビで、小川真由美さんが演じる、「女ねずみ小僧」というのがありました。

彼女たちは、言ってみれば、男性のイメージのなかの「男をとりこにし、その血をしぼりつくして破滅させる悪婦」が形をかえて現われたものだとも言えるでしょう。これは西欧の小説でも、「命とりの女《ファーム・フエタール》」として、出てくるものです。これは多分、分析的心理学の立場から、スイスの精神科医C・G・ユングが「アニマ」と名づけたものが形を変えて出現したものだ、ということになるのかも知れません。

## 厳しい環境下での歪んだ自己表現

人間の心のなかには、男性のなかにも女性的な部分があり、女性の心のなかにも男の部分があり、前者をアニマ、後者をアニムスと言うのだ——ということになっています。男性は外の世界に対して、ふつう男性原理で対応しているので、女性的部分は無意識の心のなかに含まれます。したがって、アニマの像は男性の心のなかの無意識の女性的部分がイメージされたものだということになります。

それは夢のなかの見知らぬ女、非常に魅力をもった永遠の女性というような形で現われますが、それが「悪婦」の形をとって出現するのはたぶん、女性がもつ「生命を生み出すとともにそれを呑みこんでしまう」という気味の悪いイメージと重なっているからで、それは赤ん坊だったころの母子関係が、子どもに安心感を与えるようなものでなかったことに関係しているかも知れません。

しかしそういう気味の悪いイメージを押し付けられる女性の方は災難です。もともと、犯罪者のなかの女性の比率は、古代の説話集である『日本霊異記』の中で一八・九パーセント、戦後日本の刑法犯の女子の比率（昭和四十三年度で一一・六パーセント、昭和四十七年度で一三・六パーセント）と一〇パーセント台が共通していたのですが、最近の女子犯罪率は二〇パーセントを越えています。

それにしても、基本的には犯罪は男に多い所業で、それも、男性は女性と同棲しているときの犯罪率が低いのに女性ではその逆です。つまり「犯罪のかげに女あり」ではなくて、女性犯罪のかげに男ありなのです。

そして女性犯罪は「弱さの犯罪」であると言われるように、貧窮や病気に追いつめられたあげくの実子殺しであったり、夫や姑舅の虐待に耐えかねての放火や、家族内殺人であって、これは、小西聖子・武蔵野女子大学教授が調査した現代の女子殺人の例でも変らないのです。

しかし、前に述べた「悪婦」の例では、女性たちは場合によっては、男性顔負けの強い一面を見せます。これは、ユングの考え方で言えば、「女性の中の男性的部分（アニムス）」が頭をもたげた結果かも知れません。

たとえば白子屋お熊の場合は、かねてから恋人がいるのに父母が持参金目当てで気に入らない養子を迎え、この夫を殺害しようとして、夫が下女と密通して下女が夫を殺そうとするという筋書きをでっち上げ、これが露見して引き回しのうえ、死罪になります。

これは一七二六年（享保十一年）のことですが、明治になってから河竹默阿弥が『梅雨《つゆ》小袖昔八丈《こそでむかしはちじょう》』という戯曲に書いていますが、黄八丈の小袖を着て、市中を引き回されるお熊の姿は当時から評判でした。結婚について本人の意志が通らず、気に染まない相手と暮さなければならない人が多かったからこそお熊は、一種のヒロインのようになったのかも知れません。

考えてみれば、江戸も明治初期も女性たちの職場が少なく、社会進出が押えられていて、女性たちが自己実現をとげることが難しい時代でした。とりわけ幕末から明治にかけて、社会の変動が激しく、都会でも農村でも、士農工商を問わずそれまでの生活の基盤を失って、社会の荒波のなかに放りだされる女性たちは非常に多かったのです。そのうえ、一人で生きていくとなれば、妾になるか、娼婦になるか、あるいは下女奉公ということで、忍従し、我慢に我慢を重ねて生きるしかなかったのです。

高橋お伝にしても、夜嵐お絹にしても、蝮のお政にしても、そんな状況のなかでとにかく逞しく生きぬこうとしたのであり、彼女たちの犯罪はそんななかでのせめてもの歪《ゆが》んだ

「自己実現」だったのかも知れません。だからこそ、固有名詞として伝えられることが少ない、江戸や明治初期の東京の女たちのなかで、彼女たちが「有名人」になり、花井お梅は「明治一代女」ということになったのでしょう。

「一代女」というのは夫も子もなく一生を終えるという意味ですが、彼女の場合、「明治の女」をある意味で代表したのです。もっとも、社会進出が活発になり、女性のなかのアニムスがかき立てられ、「アニムス優位型」の「強い」女性が社会の表面に立っているように見える今日、犯罪のなかの女子比率が高くなっている——というのは皮肉と言えば皮肉なことなのですが。

# Ⅷ　現代――日米関係　心の風景

# 日米関係の精神分析

## 愛と憎しみのしがらみ

一八五三年（嘉永六年）、ペリー提督の率いる米国艦隊が浦賀に来航してからもう一五〇年近くなります。その間の日米関係は、第二次大戦という惨禍を挿《はさ》みましたが、とにかく日本にとって、アメリカ合衆国が「いちばん気になる」外国でありつづけたことは疑いないでしょう。日本と日本人にとってのアメリカは単に異国ではなく、日米関係は単に国際関係ではありません。それは両国民、とりわけ日本人の側の愛と憎しみのしがらみに触れ、心の奥底にひびくような関係でありつづけました。

そして両国民の心の奥底にある相手に対する感情は、意外にも、S・フロイトがいった精神分析の考え方で解きあかすことができるところが実は少なくないのです。前述しましたが、よく引用される当時の落首（町角などに貼り出された狂歌）、

泰平の眠りをさます上喜撰たった四はいで夜もねられず

というのは、茶の銘柄の「上喜撰」と「蒸気船」がかけ言葉になっていて、ペリーの来航はそれまで鎖国の夢をむさぼっていた日本を覚醒させた、という意味ですが、もちろんそれはふだんは絶対権力を誇るお上《かみ》（＝幕府）が、空威張《からいば》りの通じない外国の武力に直面してあたふたするという、その後に何回かくり返された状況に対する庶民、または下級武士の目から見た風刺です。

実のところを言えば当時の日本は、伝えられているような完全鎖国の状態で睡《ねむ》りこけていたわけではありません。諸外国の状況は長崎の出島にあるオランダ商館長からの報告（「風説書」）によって伝えられていました。米国船がわが国に、捕鯨船の基地や通商を求めて来航を企図《きと》しているという情報をいち早くキャッチしたのは、医学を学ぶことを口実に外国書を読み、オランダ人医師たちと接触していた蘭方医《らんぽうい》（オランダ医学者）を中心とするグループ、「尚歯会」の人たちでした。

前述したように、このグループは、伊東玄朴、高野長英、小関三英などの医師のほかに、画家であり、掛川の三宅侯に仕える家老であった渡辺登（崋山）など、当時の開明的な知識人の集団でした。高野長英や渡辺崋山は、当時の国際情勢を睨《にら》んで、幕府に対して、伝統的な外国船打ち払い政策を適用しないことを求める警告の書を書きます。

ところが、これは、当時、天保の改革の指導者、老中水野忠邦の下で反対派の取締りに当っていた町奉行鳥居甲斐守忠耀という陰険で、頑迷な人物によって、開明的な「国際派」の弾圧に利用されます。渡辺崋山は押しこめのうえ、切腹自殺に追いやられ、高野長英は、逮捕されて永牢ということで伝馬町の大牢に拘禁され、大火の際逃亡して全国を転々としたのち幕吏に追いつめられて自殺します。

そうやって国内の弱者を苛めて、情報を封じこめることはいくらでも可能です。都合のわるい情報から目を瞑《つむ》って、せめて現実から目をそむけるのは、まるで敵に追いつめられた駝鳥《だちょう》が、せめて首だけ砂に埋めて、現実を見まいとするのと同じだというので駝鳥症候群（オーストリッチ・シンドローム）と呼ばれています。

その駝鳥症候群におちいっていた幕府を砂から引き剥がすようにして、国際社会の現実に目ざめさせたのは、いきなり日本がまだ持っていなかった蒸気機関を備えた軍艦四隻を東京湾に乗りつけて砲門を江戸に向け、空砲を放って威嚇《いかく》し、応接に現われた幕府の役人に白旗を渡し、「これは万国公法でいう降伏のしるしである。武力衝突になったらこれを掲げてくるように」と威嚇したペリーの恫喝《どうかつ》外交でした。

ごく最近、ペリー提督の日誌や妻あての手紙が発見され、実は四隻の「黒船」は二流のボロ船で、その戦力は大したものではなかったこと、日本との正面からの武力衝突を避けようという気になっていた米国議会の圧力によって、ペリー艦隊は実弾の使用を禁じられていたことがわかっています。

だからこそあんな、ポーカーの勝負みたいなブラッフ（脅《おど》し）をかけたのですし、ブラッフに弱く、肝腎なときにはすくんでしまうというのも、日米関係で、日本側が何度もくり返したことです。第二次大戦の終結時でも、実は、広島・長崎に投下した原爆二発で原子弾頭は当分種切れで、ポツダム宣言を受諾しなければ皇居上空を含む全土に原爆を投下するというのはブラッフにすぎなかったようなのです。

とにかくそうやって、開国させられ、国際政治に現実に直面させられ、とくに直後結ばれた不平等な日米和親条約や修好通商条約によって、不利な貿易、今日で言えば規制緩和の名の下に倒産した多くの企業が米国の資本の傘下に入る、というのに似た状況があちらこちらでくり展げられます。

「かあいそうだよ異人さんに蹴られ、聞けば理屈がないさうな」というのは当時、流行した都々逸だそうです。つまり居留地の外国人は、法と契約を盾にとり、これを一方的に解釈して横暴な振舞いをしても理屈では対抗できず、幕府の役人も一向に味方をしてくれない――という庶民の嘆きをそれは表現していたのです。

一方、滔々として流れこんだ西欧の文明、とくに米国の科学技術や明朗な文化の魅力は圧倒的で、日本人は愛と憎しみの二面的な感情（両面感情）を米国に対してもたざるを得なかったのです。

## 日の「エディプス・コンプレックス」、米の「カイン・コンプレックス」

こうやって日本が米国の圧力によって体験した開国の体験は、やはり前述したように、精神分析の立場から「出産時外傷」というのにたとえられます。つまり赤ちゃんは、出産するとき安楽で安全に母親の胎内で羊水に漬かっていた状態から、急激に外の世界に押し出されます。これは相当の心の傷（トラウマ）を与えるはずで、人はすべて無意識に「出産時外傷」を体験しているはずだというのです。

晩年のフロイトの考え方では、人間は心の奥底に、出産以前の、何もない、静寂な状態に戻ろうという傾向（涅槃《ねはん》原則、ニルバーナ・プリンシプル）があり、それは、「死の本能」（サナトス）と呼ばれます。

日本があんな勝算のない戦争を米国に仕掛け、それも盟邦のドイツが屈伏した後になっても、もし昭和天皇のご決断がなければ、「一億玉砕」してしまいかねないような破滅的な戦い方をしたのも、そして「日米経済戦争」などと言われるような状況（双方に責任がありますが）を作り出し、これも「一億玉砕」か「無条件降伏」に近い終り方をしかねないのも、「出産時外傷」にもとづく外傷体験と涅槃原則が脅迫的に、つまり知らず知らず頭にこびりついたように反復されているのだと言えるかも知れません。

さらに、もうひとつの側面があります。そうやって外界の存在に目ざめた日本の前に立ちはだかっていたのは、圧倒的に強大な米国でした。男の子が最初に直面する強大で母親の愛情を独占しようとする争いのライバルは父親だとはフロイトの考え方の中心の部分です。強大で、とてもかなわない、愛と憎しみの二つの感情をかき立てる相手に対して人間はふしぎな反応をします。つまり憎しみを抑圧し（これをエディプス・コンプレックスと言います）、そして相手のようになろうとする（これを同一化と言います）努力をします。

開国以来の日本の文明開化、富国強兵と言われる死に物狂いの努力は、象徴的父親である米国との同一化の努力です。そして当初米国は日本の寛大な保護者として、教師として、その役割を十分に果します。

この幸福な関係がつづいたのは日露戦争のとき、米国が日本の戦費を調達してくれ、ポーツマスで日本とロシアの講和のための会議を開かせて、戦力の限界に直面していた日本を救い出してくれた頃まででしょう。

もともと米国は歴史も文化も日本よりずっと若い国ですし、日本はそもそも植民地化できるような国ではありません。日本が米国との同一化に成功すればするほど、親子関係のモデルは成立しにくくなります。そこで米国には、成功してライバルになりかけた弟に対する兄の憎悪（カイン・コンプレックスと呼ばれます）が生まれます。

一方、日本の方では、親に対する甘えの感情のようなものが抜けませんから、日露戦争以後、日本人の移民排除など、米国が急に態度を変え、日本を敵視し、仮想敵国視しはじめ、太平洋艦隊などの軍備を充実しはじめるという事態に直面して「甘えを裏切られた者が相手に攻撃を加える」という、まるで家庭内暴力少年のような、「依存性攻撃」の心境になり、これに出産時外傷に対する恨みが重なります。

第二次大戦にも、「日米経済戦争」と言われた経済的対決の背後にも、理屈や、調整可能の利害だけでは片付かない、民族心理的な心の奥底にある感情や動機がひそんでいることを、私たちは考えてみた方がいいのかも知れません。

## 「玉砕」と「海行かば」——暗い想念が生んだ敗戦

### 「大義」をもち出した米国に、「大義」をもたないまま反発

歴史に「もし」は禁物です。戦争でも、内乱でも、起きたことは起きたことであり、それを後から断罪しても、美化してもはじまらない、というのも真実です。それでも、「かつてあったこと」の記録である歴史は、「これからあるかも知れないこと」への教訓です。それは医師が、病院で亡くなった患者さんの病理解剖と生前の病歴や治療記録を突き合わせる会議（ＣＰＣと呼ばれます）によって学ぶものが最も多い、というのと同じです。そうすることは苦痛を伴いますが、歴史でも経済でも医学でも、勉強する、というのはそういうものなのでしょう。

一九四一年（昭和十六年）十二月八日、日本が米国の軍港ハワイ真珠湾を奇襲して、第二次世界大戦の太平洋局面がはじまります。この戦争は「東京裁判」で判決されたように、日本が計画的に、侵略的意図をもってはじめたことで、民主主義諸国は一方的に寝こみを

襲われたのだという歴史の見方は一方的で、乱暴です。

日米両国の関係が決定的に壊れたのは、日本が日独伊三国同盟を結んだことで決定的になりました。これに憤慨したアメリカは、日米通商航海条約を破棄、鉄屑や石油の対日輸出を中止し、ＡＢＣＤ（米英中蘭）包囲網を形成し、日本に経済的打撃を与えたのです。

しかし、全面戦争の回避ということでは両国は一致しており、一九四一年から日米交渉が開始され、妥協点が探られましたが、アメリカ側から日本軍の中国撤兵を要求するハル・ノートが提出されるに及んで交渉は暗礁に乗り上げ、日本は開戦を決意したのです。

しかし米国が成長する日本を苦々しく思い、日本もなぜそうされるかわからないままこれに反発するという関係は、日露戦争が終って間もなく、日本人移民排斥運動がはじまったころからですが、一九三二年（昭和七年）、満州建国のころからとりわけ激しくなりました。これはフィリピンやハワイを征服した米国が突如「領土保全」「民族自決」の「大義」をもち出したことが一因でしょう。

日本はそれに対抗する「大義」をもたないまま、これに反発し、両者の関係はずるずると悪化します。強者である米国はときに都合のいい「大義」をもち出しては、他国を追いつめてしまう傾向があるのは現在でも同じのようです。西尾幹二・電通大教授が言うように、アメリカがもう少し寛容であり、日本がもう少し忍耐をすれば、この戦争は避けられたのでしょう。

日本が最終的に開戦に踏み切ったのは、「ハル・ノート」の内容が米政府内部の反日・左翼勢力の策略によって、内容が書き変えられ挑発的なものになっていたことが直接の契機です。

そうして日本は、策略と挑発に引っかかっていることがわからず、しかも、強く出れば相手は引っこむだろうという甘い考えから北部仏印進駐をおこなって対日経済制裁を引き出し、それで石油の輸出を禁止されると、「このままではジリ貧になる」というので、連合艦隊司令長官山本五十六自身が「それは、一年位は随分暴れて御覧に入れるが、その先は全く確信が持てぬ」と言うのに、一年保てばその先はどうにかなるだろうと東条英機《ひでき》首相(当時)の表現によると、「この際、清水の後飛びをするようなつもり」で宣戦しているのです。

戦況は、翌一九四二年(昭和十七年)六月のミッドウェー海戦の大敗北によって、日本軍は劣勢におちいり、一九四三年(昭和十八年)二月のガダルカナル島撤退、翌年七月のサイパン島陥落と敗退を続け、制海権、制空権も奪われ、本土は激しい空襲に見舞われます。

## 日本人の心を打った「海行かば」の悲愴感

そのころ、アリューシャン列島のアッツ島、南洋諸島のペリリュー島と、米軍の上陸を迎えた守備隊が全員戦死し（これは「玉砕《ぎょくさい》」と呼ばれました）、それを報道するラジオのニュース番組の冒頭では、きまって『万葉集』の大伴家持《やかもち》の防人の歌の一節に信時潔《のぶときききよし》さんが作曲した「海行かば」の曲が流されました。

一九四四年（昭和十九年）、フィリピンに迫った米国海軍に対して圧倒的劣勢に立たされた日本海軍航空隊は、関行男大尉を第一号とする神風特攻隊という自殺攻撃を採用し、神風特攻隊の出撃のニュースの冒頭にも、やはり「海行かば」が流れました。

「海行かば水漬《みづ》く屍《かばね》　山行かば草生《む》す屍　大君《おおきみ》の辺《へ》にこそ死なめ　かへり見はせじ」

という悲愴《ひそう》な歌は、信時さんの名曲に乗って、日本人の心に訴え、人々の心をしめつけたのです。

今日でも、すぐれたテレビ演出家である久世光彦さん、評論家の松本健一さんのように、「〝君が代〟にかわって〝海行かば〟こそ国歌にふさわしい」と言う人たちがいるくらいで、当時、「小国民」だった日本人の心をも打ったのです。

そして、そのころ小学生だった筆者たちを含めて、多くの日本人はやがてくる「本土決戦」と「一億玉砕」の日を考え、暗然たる思いにしめつけられるような感じがしたものです。

それはサイパン島や、沖縄の決戦で、日本軍の司令部は非戦闘員である住民に降伏をすすめ、米軍にそれを受け入れさせる交渉をする決断ができず、住民もむしろ積極的に自殺か、バンザイ突撃というほとんど素手で銃口に向かって突っこむ方法を選んだことが範例になっています。さらに、米国空軍の本土空襲や広島・長崎の原爆攻撃が一般住民を無差別に皆殺しにするようなものであり、米国空軍の日本人皆殺し（「キル・ジャップ」とそのころ米国で口々に叫ばれていることも報道されていました）の意図を感じ取らざるを得なかったこともあるのです。

そのうえに、「海行かば」の歌詞と旋律が日本人に暗い、死の予感と想念と覚悟を植えつけていたのです。

そのころ、「反日的・左翼的」な反戦、反皇室の立場とは正反対の愛国者でありながら、「海行かば」に代表される「玉砕」と「特攻」のムードに異を唱え、警告したのが、「生長の家」の指導者であった谷口雅春総裁（当時）でした。

谷口総裁は、戦死を玉砕と呼びかえてこれを美化するのは、そうすることで暗い想念が「心の影」になって現実に敗戦をもたらしてしまう――と、言論と用紙の統制の厳しかった戦時中に、筆と紙のつづくかぎり説きました。また、はじめから死を前提にした神風作戦にも批判的でした。群を抜いた愛国者で、戦死する将兵たちの心情がよくわかり、その崇高な動機を尊敬すればこそ、そう説いたのです。

もちろんそれは、「非国民呼ばわり」の集中砲火を浴びせられました。「暗い想念のもたらす心の影」が「自己実現性の予言」（ある予想をすれば、とくに悪い予想をすれば、それが実現してしまう）となって国家・社会に暗い気分と発想をみなぎらせ、それが現実にはねかえって、昭和恐慌、日米開戦、そして二百万人もの犠牲を生み出したうえでの敗戦という歴史を作ったとも言えます。

あとがき

古代から現代まで、「心の眼で見た日本人の歴史」をたどってみて、印象深いのは日本人の心の軌跡を通じての「変わるものと変わらないもの」、つまり「不易と流行」、と松尾芭蕉が言ったものの存在です。

日本人の作った歴史の特徴のひとつは、日本人の心の原点を民俗学という方法で掘り下げ、採集し、記録していった柳田国男博士の言う「妹《いも》の力」の存在です。柳田は日本人の信仰や宗教や文化の原点にある「女性的なもの」の力の大きさに求め、これを『妹の力』という本にまとめました。女性たちは、男性に対して、これを守護する呪術的な力をもっていると考えられ、日本武尊やスサノオノミコトのようなたけだけしい英雄でも、女性のもつ力に守られていたとされるのです。

もっとも日本文化のなかでは、女性原理は男性原理と対立し、食うか食われるかというようなたたかいを繰り展げたようには見えません。女性原理は男性原理を暖かく包んでいたように見えます。日本は中国を模倣して仏教を移入し、古代律令国家の体制を整えたように見え、欧米を模倣して近代国家への道を歩んだように見えますが、少なくとも古代日本は、中国を模倣して古代国家の体制を整えたようでも、聖徳太子の十七条憲法は、どう考えても中国にも朝鮮半島にもその類例がないものです。

その中心の価値観に「和」をもってきて「相手の立場に立って考えること」を最も重要な原則としています。つまりここでは男性原理的な裁く原理ではなくて、女性原理的な「包みこむ原理」が強調されているのです。もっとも、歴史のなかで、鎌倉時代から昭和前半までの軍事政権（武家政治と軍人統治）の時代には次第に社会の深いところまで男性原理が浸透したように見えます。

そのなかで、日本は、たとえ善意にもとづいてはいても、「相手の立場を読みあやまった」という点で、硬直した判断からくるいくつかのまちがいを起こします。

そのひとつの原因は、まるで個人の歴史のなかでの心のしこりを外部に投影したような、アメリカ合衆国に対するエディプス・コンプレックス（強大な父に対する憎しみと去勢される《無力化される》恐怖）と、アメリカ側のカイン・コンプレックス（追いついてくる弟に対する兄の憎しみ）、それに中国や朝鮮半島の人たちの日本に対するエディプス・コンプレックスとカイン・コンプレックスが結びついたような憎しみが錯綜して、悲劇が起き、余波は今日までつづいています。

憎しみがそこにあるとどうしても相手の動機を誤解する、不安が強いと人間は誰でも悲観的になり、相手との間には、食うか食われるか、の関係しかないと思いこんでしまいます。それは国内の階層や民族の対立でも同じで、結局「悪いことを予想すると悪い現実を招きよせてしまうのです」。一九四〇年代、発足当時のユネスコが「戦争は人々の心の中に起きる」と言ったのもそれとよく似た意味あいでした。

第二次大戦後の日本は、再び「女性原理」が優位の時代になりました。日本は、国内的にも、国際的にも、「和」の原則を掲げて、聖徳太子が十七条憲法で群臣に「早く出勤して遅く退朝せよ」とさとしたのは、それまでのどこの国の権力者も表立って言わなかったような「勤勉のすすめ」でしたが、「和と勤勉」が上昇期の日本の経済を、教育を、文化を支えました。

平成十二年度のNHK番組「プロジェクトX」が伝えたのは、その上り坂の日本の「和」と「勤勉」を支えた男たちとその家族たちの人間像でした。本四架橋、南極観測隊、知床の海に緑と昆布をよみがえらせた家族と地域の人たち、戦乱のカンボジアに危険と困難を冒し、命さえ捧げて政府無償援助による「日本橋」を架《か》けた人たちは、知られないところで「もっともいい顔をした日本人たち」の軌跡を歴史に刻んだのです。

しかし、一九七〇年代以後、祖国と日本人の価値を引きおろそうとする人たちの声が高くなって、これらの人たちの姿は子どもたちの目からおおいかくされています。家族関係でも、女性原理は男性化した形で、つまり男性原理的な「勝負の原則」に立って女性の力を発揮しようという形に姿を変えています。

そういう状態のなかで、明るく、元気な日本を回復するにはどうするか、がいま問われているのです。物事を悲観的に考え、他人をも自分をも悪意をもって解釈する「心のくせ」から脱出するにはどうしたらいいか、それは家庭でも、ビジネスでも、学校でもいま日本人にいちばん求められていることではないでしょうか。「心の眼で見た歴史の教訓」が、そのために少しでも役立つといいと思います。

二〇〇一年三月

小田　晋

初出　日本教文社「白鳩」一九九七年五月号〜二〇〇一年一月号

歴史《れきし》の心理学《しんりがく》
日本神話《にほんしんわ》から現代《げんだい》まで

---

初版発行　平成13年 5月20日

著者　小田　晋（おだ すすむ）

発行者　岸　重人

発行所　株式会社 日本教文社
〒107-8674　東京都港区赤坂9-6-44
TEL 03(3401)9111（代表）
03(3401)9114（編集）
FAX 03(3401)9118（編集）
03(3401)9139（営業）
振替＝00140-4-55519
ホームページ　http://www.kyobunsha.co.jp/

組版　レディバード
印刷・製本　株式会社 シナノ

---

ISBN4-531-06357-0　Printed in Japan
定価はカバーに表示してあります
乱丁本・落丁本はお取り替えいたします